高等职业技术教育"十三五"规划教材——铁道工程技术

隧道施工养护实训指导书

主　编　孙洪硕　卞家胜　刘　阳

副主编　孙丽娟　冯宝才　马志芳

主　审　王为林　张超平

西南交通大学出版社

·成　都·

内容简介

本实训指导书是按照教学要求及最新的相关国家标准和行业标准编写而成的，系统介绍了隧道施工与养护的基本理论与方法。全书内容包括：隧道施工作业实训，隧道施工质量检查与验收实训，隧道施工、运营质量监控实训，隧道养护维修与病害整治实训，隧道工程安全管理实训。

本实训指导书适用于高职高专铁道工程类专业、城市轨道交通工程类专业、桥隧工程类专业及其他土建类专业学生进行实训时使用，同时也可以作为铁路职工培训及工程类人员参考用书。

图书在版编目（ＣＩＰ）数据

隧道施工养护实训指导书 / 孙洪硕，卞家胜，刘阳
主编. 一成都：西南交通大学出版社，2019.1
ISBN 978-7-5643-6722-0

Ⅰ. ①隧… Ⅱ. ①孙… ②卞… ③刘… Ⅲ. ①隧道施
工 – 高等职业教育 – 教学参考资料②隧道 – 养护 – 高等职
业教育 – 教学参考资料 Ⅳ. ①U455②U457

中国版本图书馆 CIP 数据核字（2019）第 015234 号

隧道施工养护实训指导书

主 编／孙洪硕　卞家胜　刘　阳　　　　　责任编辑／姜锡伟
　　　　　　　　　　　　　　　　　　　　　封面设计／何东琳设计工作室

西南交通大学出版社出版发行
（四川省成都市二环路北一段 111 号西南交通大学创新大厦 21 楼　610031）
发行部电话：028-87600564　　028-87600533
网址：http://www.xnjdcbs.com
印刷：四川煤田地质制图印刷厂

成品尺寸　185 mm×260 mm
印张　10.75　　字数　229 千
版次　2019 年 1 月第 1 版　　印次　2019 年 1 月第 1 次

书号　ISBN 978-7-5643-6722-0
定价　28.80 元

课件咨询电话：028-87600533
图书如有印装质量问题　本社负责退换
版权所有　盗版必究　举报电话：028-87600562

前　言

随着我国基础设施建设的迅猛发展，我国公路隧道、铁路隧道建设速度也得到了空前提高。目前，我国的隧道数量已经占据世界第一位。同时，21 世纪更是隧道及地下空间资源开发的新时代。在这样的背景下，编写一本立足一线施工、监测、检测、养护维修、安全管理技术岗位，按照知识够用、技术先进、内容实用、形式新颖的原则，涵盖新技术、新工艺、新知识的最新成果，嵌入相关职业标准、规范及规程的隧道实训指导书就显得尤为重要。

本实训指导书按照教学要求及最新的相关国家标准和行业标准编写而成，内容以项目为导向，融"教、学、做"于一体，涵盖隧道施工、监测、检测、养护维修、安全管理的知识，力求学生全面掌握基本理论与实践，培养学生的职业能力与素养。本实训指导书适用于高职高专铁道工程类专业、城市轨道交通工程类专业、桥隧工程类专业及其他土建类专业学生进行实训时使用，同时，也可以作为铁路职工培训及工程类人员参考用书。

本实训指导书分为五部分，由孙洪硕、卞家胜、刘阳担任主编，孙丽娟、冯宝才、马志芳担任副主编。具体分工如下：第一部分由郑州铁路职业技术学院卞家胜、江苏建筑职业技术学院王庆磊编写；第二部分由郑州铁路职业技术学院刘阳、山东城市建设职业学院周云超编写；第三部分由郑州铁路职业技术学院孙洪硕、中铁上海设计院集团有限公司桥隧处冯宝才编写；第四部分由郑州铁路职业技术学院马志芳编写；第五部分由郑州铁路职业技术学院孙丽娟编写。

本书编者在编写过程中，参考引用了本书所列参考文献的一些内容，在此向文献的作者深表谢意。

由于编者水平有限，书中疏漏和不足之处恳请专家和读者批评指正。

编　者
2018 年 10 月

目　录

第一部分　施工作业

实训一　二次衬砌钢筋施工

一、实训目的

1. 掌握隧道二次衬砌钢筋施工的工艺流程，熟悉二次衬砌钢筋施工的基本步骤。
2. 掌握隧道二次衬砌钢筋施工的关键技术，理解二次衬砌钢筋施工注意要点。

二、工艺流程

二次衬砌钢筋绑扎工艺流程见下图。

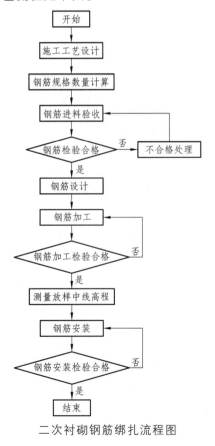

二次衬砌钢筋绑扎流程图

三、作业步骤

1. 施工前准备。

（1）检查钢筋的规格、型号是否满足设计要求。

（2）钢筋进场时，抽取试件做力学性能和工艺性能试验，质量符合规范设计要求。

（3）将隧底虚渣、杂物、泥浆、积水等清除干净，并用高压风将隧底吹洗干净。

（4）根据设计施工图对钢筋进行放样，计算每种型号钢筋的下料长度、确定加工形式，制作钢筋下料表。

2. 定位钢筋施工。

（1）二衬土工布及防水板安装完毕后，在该环二衬中部位置及端头位置的防水板上测出 2 条法线，以红色油漆标识一个环向。

（2）根据已测出的法线每 2 m 一环先安装好外层环向定位主筋，主筋型号根据设计图纸选择。

（3）在端头环向主筋上焊接法向定位钢筋，这样做主要是为了控制层间距及保护层厚度。法向定位钢筋一般采用 L 形，焊接时注意用竹胶板外贴，防止烧坏防水板。

（4）在环向定位钢筋及法向定位钢筋安装好之后，根据保护层控制厚度进行纵向定位钢筋的测量放样，从该环二衬两端进行测量放样，根据放样点，通过细线拉直确定纵向定位钢筋位置，以保证纵向定位钢筋顺直。

3. 外层钢筋安装。

（1）依据法向定位筋上的测量点位及层间距，焊接外层钢筋纵向定位钢筋，再根据设计要求安装外层钢筋，即靠近防水板一侧钢筋，其间距、连接方式等应符合设计及规范要求，可通过钢筋卡具或在水平定位筋上画好钢筋位置来确保主筋间距均匀。

（2）在外层钢筋与防水板之间安装保护层垫块，每平方米 4 个，呈梅花形布置，防止钢筋与防水板紧贴，损坏防水板。

（3）安装好的外层钢筋应绑扎稳定牢固，不得出现晃动现象。

4. 内层钢筋安装。

（1）准确定位。在外层钢筋安装完成并验收合格后，再进行内层钢筋的安装。内层钢筋安装前，依据测量放样点，采用拉线形式焊接纵向定位钢筋，确保纵向定位钢筋顺直。

（2）确定纵向定位钢筋的放样点。其依据是钢筋型号和保护层厚度。以某Ⅳ级围岩 $\phi 20$ 钢筋为例计算如下：测量放样净保护层控制在 60 mm，拱顶位置考虑钢筋下沉影响，保护层控制在 80 cm。主筋直径 20 mm，勾筋直径 8 mm，纵向定位钢筋位置应在测量保护层控制点往外 20 + 8 = 28 mm 的位置。

（3）纵向定位钢筋固定好之后，利用钢筋卡具或事先在纵向定位筋上画好的钢筋位置点施工内层主筋，在环向主筋与纵向定位钢筋搭接位置处绑扎牢固，确保环向主筋的稳定性。

5. 混凝土垫块安装控制措施。

（1）在衬砌钢筋安装完成后，每平方米绑扎 4 个垫块，垫块的尺寸根据保护层厚度确定，梅花形布置，用于防止混凝土浇筑过程中衬砌钢筋受混凝土挤压或自重产生位移变化，影响保护层厚度。

（2）二衬钢筋绑扎完成后，选取 4 组断面对保护层进行复测，对保护层厚度不合格的位置进行适当的调整。

6. 焊接支撑钢筋。

由于二衬拱顶部位的衬砌钢筋保护层厚度不易控制，在浇筑混凝土时，拱顶的钢筋容易出现下沉现象，因此，拱顶部位应焊接支撑定位钢筋，钢筋预伸长度为净保护层厚度，每平方米 1 根，防止混凝土浇筑过程中拱顶衬砌钢筋受力下沉影响保护层厚度。

四、注意事项与要求

1. 钢筋绑扎严格按照"先外圈，后内圈，先主筋，后分布筋与勾筋"的顺序施作。

2. 在钢筋绑扎过程中，严禁损伤防水板。

3. 钢筋连接通常采用绑扎或焊接，绑扎和焊接长度符合验标要求，焊接的焊缝必须饱满、平实，不能有蜂窝。

4. 钢筋接头应设在承载力较小处，并分散布置。

5. 钢筋安装施工前，应对其质量、外观等进行检查，确保钢筋平直、无损伤，表面无裂纹、油污或锈蚀等。

6. 钢筋的加工应符合设计要求，当设计未提出要求时应按照《铁路隧道工程施工质量验收标准》（TB 10417—2003）的要求进行加工。

实训二　二次衬砌混凝土浇筑

一、实训目的

1. 掌握隧道二次衬砌混凝土浇筑的工艺流程,熟悉二次衬砌混凝土浇筑的基本步骤。

2. 掌握隧道二次衬砌混凝土浇筑施工的关键技术,理解二次衬砌混凝土浇筑施工注意要点。

二、工艺流程

二次衬砌混凝土浇筑工艺流程见下图。

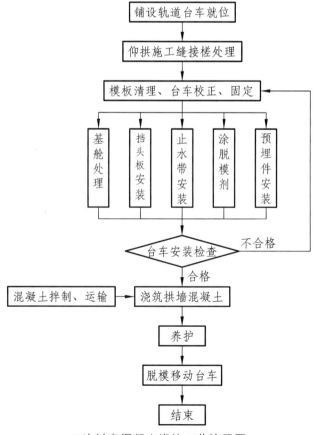

二次衬砌混凝土浇筑工艺流程图

三、作业步骤

1. 作业准备。

（1）二衬钢筋安装、混凝土原材料、施工机具、防水板与排水盲管的检查。

检查混凝土浇筑工作面与开挖掌子面的安全距离是否满足要求。

2. 衬砌模板台车安装。

（1）根据设计要求和隧道断面确定台车的轮廓尺寸，其门架净空高度和宽度应能保证运输车辆通行，在台车架上部和模板之间留有空间用来安装隧道通风管道，两侧工作窗口布局应便于作业。

（2）衬砌模板台车沿轨道通过自行设备移动至待浇舱位，与上板衬砌搭接 5～10 cm，顶模、侧模由油缸调整到位，并用千斤顶及撑杆加固。

（3）模板台车浇注混凝土前清除表面的杂物及灰尘，检查有无破损，及设备状况是否良好，如有破损先进行修复，然后再浇筑。

（4）混凝土施工前，安装预埋件、止水带等，并在模板表面涂脱模剂，以便于脱模。

（5）防溜车装置到位，液压系统锁定。

（6）连接输送泵管道，准备施作混凝土。

3. 混凝土浇筑。

（1）混凝土拌和。拌制混凝土时要严格按照预试验得到的施工配合比进行配料。

（2）混凝土运输。通过混凝土罐车将混凝土从拌和站运送到混凝土浇筑点。

（3）泵送混凝土入模。混凝土入模温度应根据洞内温度适当调整，不宜过高或过低；混凝土拌和物的入模含气量应满足设计要求；混凝土拌和物的坍落度应符合要求。

（4）清除基岩杂物，排净积水，保持基岩洁净和湿润。

（5）混凝土浇筑。混凝土浇筑应保持连续性，如因故中止且超过允许间歇时间，则应按施工缝处理。

（6）混凝土振捣。混凝土振捣采用附着式和插入式振捣器振捣，每一位置的振捣时间，以混凝土不再显著下沉、不出气泡并开始泛浆为准。振捣器距模板的垂直距离，不应小于振捣器有效半径的1/2，并不得触动钢筋及预埋件。

4. 混凝土养护。

（1）浇筑完成后应对混凝土进行养护，以保持混凝土表面湿润。养护水的温度与环境温度基本相同。

（2）浇水次数应能保持混凝土处于湿润状态。

（3）混凝土养护用水与拌和用水相同。

5. 拆模。

（1）拆模时间，当二次衬砌混凝土强度达到设计要求时，才可拆模。承受围岩压力较大的拱、墙，封顶和封口的混凝土一般要达到设计强度的100%，方可拆模。

（2）拆模时，应根据锚固情况，分批拆除锚固连接件，防止大片模板坠落。拆模应使用专门工具，以减少对混凝土及模板的损坏。

（3）拆下的模板、支架及配件应及时清理、维修，并分类堆放。

四、注意事项与要求

1. 二次衬砌台车强度、刚度和稳定性满足施工荷载各种组合要求。

2. 衬砌台车整机走行和操作系统方便合理。

3. 模板轮廓符合衬砌断面要求，模板安装光滑平整，接缝严密，相邻模板无错台。

4. 模板安装完成后检查是否连接紧密、牢固，以防出现漏浆、跑模等现象。

5. 在混凝土浇筑过程中，设专人对模板、支架进行检查、维护，模板如有变形走样，立即采取措施或根据实际情况要求停止浇筑混凝土。

6. 混凝土的配合比要严格按照预试验确定的配比进行拌制，运输、浇筑的过程要符合要求。

7. 混凝土振捣要严格注意振捣顺序、时间、深度等，严禁振捣时碰撞防水板、钢筋和模板等。

8. 混凝土养护需要注意养护的温度、湿度以及时间等。

9. 注意拆模时混凝土强度，防止拆模过程中对混凝土造成损伤。

实训三　锚杆的安装

一、实训目的

1. 掌握隧道内锚杆安装的工艺流程，熟悉锚杆安装的基本步骤。
2. 掌握隧道锚杆安装施工的关键技术，理解锚杆安装施工注意要点。

二、工艺流程

锚杆安装的工艺流程如下图所示。

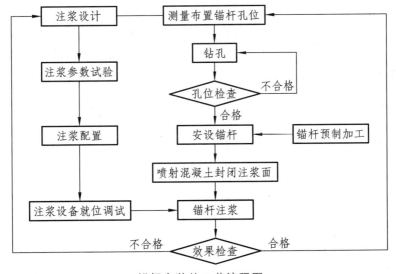

锚杆安装的工艺流程图

三、作业步骤

1. 锚杆孔位布置。

测量放样锚杆孔位，梅花形布置，纵横间距为 0.75 m×0.75 m（锚杆孔位布置形式根据相关设计图纸确定），再用红铅油点标记在隧道岩壁上。

2. 钻孔。

利用锚杆机或风钻等钻孔，孔位允许偏差为 ±150 mm，孔径要与锚杆直径相匹配，锚杆孔径应大于设计的锚杆直径 15 mm，孔深一般比锚杆稍长，孔向应按设计方向钻进，尽量与所在部位的岩面垂直。钻孔完毕后，检查孔深，满足要求后再进行下一步工序。

3. 锚杆安装。

（1）钻孔完毕，安装锚杆前，利用高压风清洗锚杆孔内石屑。

（2）打入装好锚头的锚杆，锚杆插入深度应符合设计规定，锚杆外露 10～20 cm，以便与压浆机出浆管连接。

4. 注浆

（1）中空锚杆注浆。

连接注浆管，采用反循环式注浆，当注浆完成后拧紧螺母。在压浆前，锚杆孔处预装锚杆专用止浆塞，压浆时，锚杆头与注浆机出浆管连接，开始压浆。当孔内水泥浆压满后，立即顶紧止浆塞，防止浆液流出。

（2）砂浆锚杆注浆。

先在锚孔内注浆，注浆完成后，再将锚杆杆体插入孔内。

（3）自行式注浆锚杆注浆。

压浆前先施作喷射混凝土止浆墙，然后压注水泥浆或水泥-水玻璃双液浆，浆液从锚杆末端进入，通过锚杆空腹及中空钻头，从锚杆前端溢出，返回至尾部进行注浆，可保证完全充填锚杆周围空隙。

（4）垫板安装。

压浆完毕，待达到额定强度后，开始安装锚杆专用垫板，拧紧螺帽，垫板应保证与支护面岩面密贴。

四、注意事项与要求

1. 锚杆类型、长度等参数根据设计要求、围岩性质和锚固特性进行选择。

2. 杆体直径均匀，无严重锈蚀、弯折现象。

3. 锚杆安装后禁止敲击、悬挂重物。

4. 锚杆垫板与喷射混凝土面要严格密贴。

5. 杆体插入锚杆孔时，应保持位置居中，不出现角度偏差。

6. 锚杆注浆结束后要及时检查其效果，不合格者及时补浆。

实训四　钢筋网挂置

一、实训目的

1. 掌握隧道内钢筋网挂置的工艺流程，熟悉钢筋网挂置的基本步骤。
2. 掌握隧道钢筋网布设的关键技术，理解钢筋网施工注意要点。

二、工艺流程

钢筋网片安装工艺流程如下图所示。

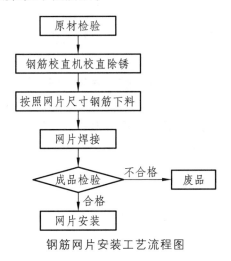

钢筋网片安装工艺流程图

三、作业步骤

1. 钢筋网片加工。
（1）钢筋网片的加工制作在钢筋加工场内集中完成。
（2）利用钢筋调直机把钢筋调直，截成钢筋条。
（3）钢筋网片尺寸根据拱架间距和网片之间搭接长度综合考虑确定。
（4）钢筋焊接前先将钢筋表面清除干净。
（5）加工后的钢筋网片要平整，钢筋表面无削弱钢筋截面的伤痕。
2. 存放运输。
（1）运输过程中钢筋网片轻抬轻放，避免摔在地上产生变形。

（2）钢筋网片成品远离加工场地，堆放在指定的成品堆放场上。

（3）存放和运输过程中要避免潮湿的环境，防止锈蚀、污染和变形。

3. 钢筋网片安装。

（1）钢筋网片挂设。挂网在初次喷射混凝土及锚杆施作后进行，通过多功能作业台架，沿开挖岩面一环一环铺设。钢筋网片之间用焊接连接，施工中可以通过钻孔设备辅助固定钢筋网，使其尽量与岩面密贴。

（2）钢筋网片在初次喷射混凝土后进行，第二层在第一层钢筋网被混凝土覆盖并终凝后挂设。

（3）焊接。挂好网片后，将网片之间的接头以及网片钢筋和锚杆头、钢架等焊接牢固，避免网片超出喷混凝土厚度和喷混凝土时网片晃动。

四、注意事项与要求

1. 钢筋网在初喷混凝土 4 cm 以后铺挂，且保护层厚度不得小于 2 cm。

2. 喷射混凝土过程中如有脱落的石块或混凝土块被钢筋网卡住时，应及时清除后再喷射混凝土。

3. 挂网施工中密切注意观察围岩或喷射混凝土的剥落和坍塌等。

4. 钢筋网片要形成一个整体，焊接的地方要牢固。

5. 钢筋应冷拉调直后使用，钢筋表面不得有裂纹、油污、颗粒状或片状锈蚀。

实训五 防水板的施工

一、实训目的

1. 掌握隧道内防水板施工的工艺流程，熟悉防水板施工的基本步骤。
2. 掌握隧道防水板施工的关键技术，理解防水板施工注意要点。

二、工艺流程

防水板安装工艺流程如下图所示。

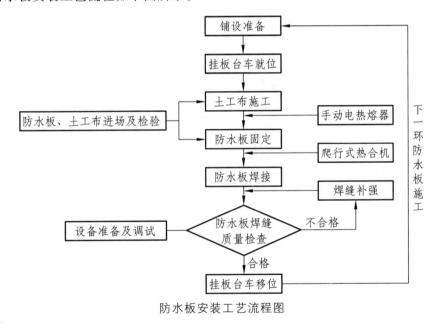

防水板安装工艺流程图

三、作业步骤

1. 铺设准备。

（1）检查初期支护净空，一旦发现初期支护断面侵入二次衬砌的情况，整改过后再进行防水板铺设。

（2）基面处理，防水板铺设前，利用锤击声对初期支护进行检查，必要时辅以其他物探手段。针对具体问题采取如下措施：

① 局部漏水采用注浆堵水或埋设排水管。

② 钢筋网等凸出部分，先切断，后用锤铆平，再抹砂浆素灰。

③ 喷射混凝土表面凹坑处用细石混凝土填平，凹坑太大处要抹平补喷混凝土，确保喷射混凝土表面平整，无尖锐棱角。

（3）防水板质量检查，防水板铺设之前检查是否有变色、波纹（厚薄不均）、斑点、刀痕、撕裂、小孔等缺陷，如果存在质量疑虑，应进行张拉试验、防水试验和焊缝张拉强度试验。同时，按照与洞内施工相同的方法对防水板进行试拼。

（4）对检查合格的防水板用特种铅笔画焊接线及拱顶分中线，并按每循环设计长度截取，对称卷起备用；洞内在铺设基面标出拱顶中线，画出隧道中线第一环及垂直隧道中线的横断面线。

2. 挂板台车就位。

防水板铺设时采用简易台车进行，台车应具备足够的强度与刚度，以及较为灵活的行走装置，并应配备能达到隧道周边任一部位的作业平台。台车就位采用轮装牵引的方式进行，就位时应使台车中心尽量置于隧道中线上，并固定稳妥，以保证作业时不产生倾斜和晃动。

3. 无纺布施工。

铺设时采用简易台车将无纺布固定在预定的位置上，再采用带热塑性圆垫圈的射钉将无纺布钉牢在初支表面上，射钉按梅花形布置。无纺布铺设应自下而上进行，下部无纺布应压住上部无纺布，并预留一定的富余量，两环无纺布的搭接长度不小于5 cm。

4. 防水板铺挂。

防水板铺挂时采用手动电热熔器加热热熔衬垫，再将防水板与之牢固黏结。防水板铺挂时应从下自上进行，并预留一定的富余量。环向铺设时，先拱后墙，下部防水板应压住上部防水板，两幅防水板的搭接宽度不小于 15 cm，同时应保证防水板的接缝与衬砌端头错开 1.0 m。防水板之间的搭接缝应采用双面焊缝，焊接严密，不得焊焦、焊穿、漏焊和假焊。焊接完后的卷材表面留有空气通道，用以检测焊接质量。

5. 防水板焊缝质量检查。

防水板的搭接缝焊接质量检查应按充气法检查，主要是对焊缝进行压力充气，并用肥皂水涂在焊缝上，对出现气泡处进行重新补焊，直到合格为止。

四、注意事项与要求

1. 铺设前进行精确放样，弹出标准线进行试铺后确定防水板一环的尺寸，尽量减少接头。

2. 防水板宜采用从下向上的顺序铺设，松紧应适度并留有余量，检查时要保证防水板全部面积均能抵到围岩。

3. 防水板环向挂设，环向铺设时，先拱后墙，下部防水板应压住上部防水板。

4. 防水板之间的搭接缝应采用双焊缝，利用具有调温、调速热楔式功能的自动爬行式热合机热熔焊接，细部处理或修补采用手持焊枪的方法，单条焊缝的有效焊接宽度不应小于 15 mm，焊接严密，不得焊焦焊穿。

5. 防水板纵向搭接与环向搭接处，除按正常施工外，应再覆盖一层同类材料的防水板材，用热焊焊接；

6. 绑扎或焊接钢筋时，应采取措施避免对卷材造成破坏。

7. 混凝土振捣时，振捣棒不得接触防水板，以免防水板受到损伤。

实训六　中埋式橡胶止水带施工

一、实训目的

1. 掌握隧道内中埋式橡胶止水带施工的工艺流程，熟悉中埋式橡胶止水带施工的基本步骤。

2. 掌握隧道中埋式橡胶止水带施工的关键技术，理解中埋式橡胶止水带施工注意要点。

二、工艺流程

中埋式橡胶止水带安装工艺流程如下图所示。

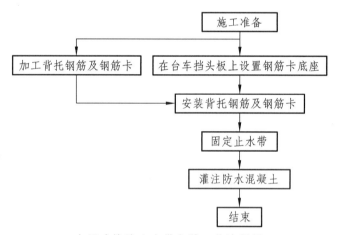

中埋式橡胶止水带安装工艺流程图

三、作业步骤

1. 钢筋卡制作：素混凝土中采用钢筋卡固定止水带，钢筋卡一般采用 $\phi 6$ 钢筋制作，如右图所示，钢筋混凝土中通常采用特殊箍筋当作钢筋卡。

2. 钢筋卡布置：在第一节衬砌内通过铁丝将钢筋卡固定在挡头模板上，钢筋卡环向间距按照设计要求设置，如果是钢筋混凝土结构，钢筋卡间距同环向箍筋间距。

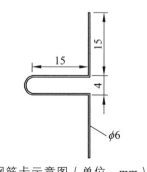

钢筋卡示意图（单位：mm）

3. 止水带安装固定：通过铁丝等将止水带固定在钢筋卡的 U 形空间内，固定止水带时严禁损坏止水带，固定后的止水带如下图所示。

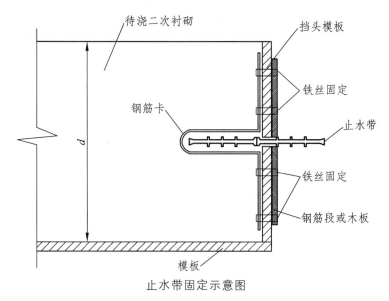

止水带固定示意图

4. 钢筋卡的调整：在浇筑下一节二衬混凝土时，把钢筋卡调直，垂直固定第二节衬砌内的止水带，如下图所示。如果是钢筋混凝土衬砌，第二节衬砌内的止水带通过特殊箍筋进行固定。

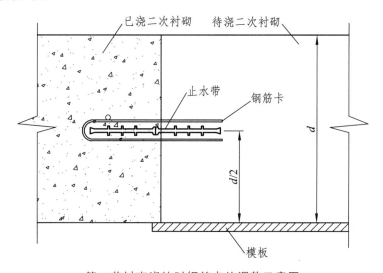

第二节衬砌浇筑时钢筋卡的调整示意图

四、注意事项与要求

1. 止水带应妥善固定，宜采用专用的钢筋套或扁钢固定。

2. 止水带先施工一侧混凝土时，其端模应支撑牢固，严防漏浆。

3. 止水带应采用焊接，接缝平整、牢固，不得有裂口和脱胶现象，止水带全环施作，除材料长度原因外只允许有左右两侧边上两个接头。

4. 止水带应和施工缝中心线重合，止水带不得穿孔，施工中采用钢筋卡对止水带进行定位，混凝土浇筑前、浇筑中应对止水带位置进行校正，保持其位置准确、平直，避免其在混凝土浇筑过程中发生移位。

5. 浇筑混凝土时注意避免混凝土中的尖角石子和锐利的钢筋刺破止水带。

实训七　排水盲管施工

一、实训目的

1. 掌握隧道内排水盲管施工的工艺流程，熟悉排水盲管施工的基本步骤。
2. 掌握隧道排水盲管施工的关键技术，理解排水盲管施工注意要点。

二、工艺流程

排水盲管施工工艺流程如下图所示。

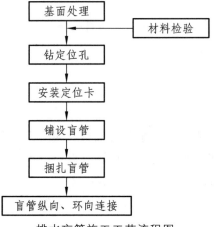

排水盲管施工工艺流程图

三、作业步骤

1. 基面处理。

基面处理主要对初期支护表面的渗漏水、外露的突出物及表面凸凹不平处进行处理。

（1）基面渗漏水处理，通过回填注浆堵水或埋设排水管直接引排水，保持基面无明显漏水。

（2）基面不平整处理，对初期支护混凝土表面外露的锚杆头，钢筋尖头等硬物进行割除处理，对钢筋网等凸出部分，先切断，再用锤铆平，最后用砂浆抹平；对有凸出的管道，切断后用砂浆抹平；对锚杆的凸出部位，端头顶预留 5 mm 切断后，用塑料帽处理；对初期支护表面凸凹不平处进行处理，对凸起的部位进行凿除、抹平，对凹陷处进行补平，使混凝土表面平顺。

2. 钻定位孔。

（1）根据设计图纸，确定排水盲管的位置，并在基面上按规定划线，划线时注意盲管尽可能走基面的低凹处和易出现渗漏水的地方。

（2）钻定位孔，根据防排水设计图纸，确定定位孔位置，定位孔间距一般在 30～50 cm。

（3）安装定位卡，将膨胀锚栓打入定位孔或用锚固剂将钢筋头预埋在定位孔中，定位卡安装在盲管的两侧。

（4）铺设盲管，用无纺布包住盲管，用扎丝捆好，用卡子卡住盲管，然后将其固定在膨胀锚栓上。

（5）横向排水盲管是连接纵向排水盲管与侧沟或中央排水管（沟）的水力通道，采用硬质塑料管，其设置应符合设计要求。施工中先在纵向排水盲管上预留拼接，然后在仰拱及填充混凝土施工前接长至中央排水管（沟）。

（6）纵、环、横向盲管连接，利用三通管把各盲管连接成一体，形成完整的排水系统。

四、注意事项与要求

1. 排水盲管的管材、直径、透水孔的规格、间距符合设计要求。

2. 环向排水盲管沿纵向设置的间距应满足设计要求，并应根据洞内渗、漏水的实际情况，在地下水较大的地段加密设置排水盲管。

3. 纵向集水盲管应与环向排水盲管、横向排水管用变径三通管连为一体，形成完整的排水系统。

4. 排水盲管应紧贴渗水岩壁安设，减小地下水由围岩进入排水盲管的阻力；排水盲管布置应圆顺，不得起伏不平。

5. 排水盲管应固定牢固，并采取适当的保护措施，防止水泥浆窜入、堵塞排水盲管。

6. 排水管路系统的连接应牢固、畅通，纵向排水盲管安装坡度符合设计要求，通向中心排水沟的横向排水管应有足够的泄水坡。

7. 横向排水管接头应牢固、水路通畅。

实训八　喷射混凝土施工

一、实训目的

1. 掌握隧道内喷射混凝土施工的工艺流程，熟悉喷射混凝土施工的基本步骤。
2. 掌握隧道喷射混凝土施工的关键技术，理解喷射混凝土施工注意要点。

二、工艺流程

喷射混凝土施工工艺流程如下图所示。

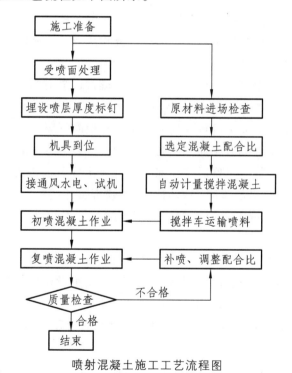

喷射混凝土施工工艺流程图

三、作业步骤

1. 受喷面检查及清理。

喷射前检查开挖断面尺寸，清除开挖面拱部的松动岩块、拱脚与墙脚处的岩屑灰尘等杂物，欠挖处要补凿。

2. 机具就位。

（1）受喷面清理过后，埋设喷层厚度标钉，一般采用埋设钢筋头做标志，亦可在喷射时插入长度比设计厚度大 5 cm 的铁丝，每间隔 2 m 设置 1 根，作为施工控制混凝土厚度所用。

（2）根据实际情况确定现场施工需要的罐车、湿喷机以及保障的相关机电数量等，湿喷机开机顺序：湿喷机各种管线安装→接通电源→开高压风→启动速凝剂计量泵、主电机、振动器→加入喷射混凝土及液体速凝剂→喷射混凝土。

3. 混合料搅拌、运输。

湿喷混凝土随拌随运，当工作面较大时，增加运输车辆交替运料，满足湿喷混合料的供应。运输过程中，运输罐车混凝土罐要转速均匀，防止混凝土产生离析、水泥浆流失、坍落度变化以及初凝等现象。

4. 喷射混凝土。

（1）喷射混凝土作业分为初喷、复喷阶段。在初喷混凝土完成后安设锚杆、钢筋网片，架立钢架，钢筋网与锚杆连接牢固；复喷在前一层混凝土终凝后进行，若终凝 1 h 以后进行喷射，应先用水冲洗喷层表面后再复喷至设计厚度。喷射混凝土终凝后 3 h 内不得进行爆破作业。

（2）喷混凝土应采用分段、分片、分层依次进行，喷射顺序应自下而上，分段长度不宜大于 6 m。喷射时先将低洼处大致喷平，再自下而上顺序分层、往复喷射。

（3）分片喷射要自下而上进行并先喷钢架与岩面间混凝土，再喷两钢架之间混凝土。边墙喷混凝土应从墙脚开始向上喷射，使回弹不致裹入最后喷层。

（4）分层喷射时，后一层喷射应在前一层混凝土终凝前进行。若终凝 1 h 后再进行喷射，则应先用风、水清洗喷层表面。一次喷混凝土的厚度以喷混凝土不滑移不坠落为度，既不能因厚度太大而影响喷混凝土的黏结力和凝聚力，也不能太薄而增加回弹量。

（5）在有水地段进行喷射混凝土作业时应采取以下措施：

① 对渗漏水应先进行处理。当渗漏水范围大时，可设树枝状排水导管后再进行喷射；当渗漏水严重时，可设计泄水孔，边排水边喷射。

② 喷射时，应先从远离渗漏出水处开始，逐渐向渗漏处逼近，将散水集中，安设导管，使水引出，再向导管逼近喷射。

③ 改变混凝土配合比，增加水泥用量，先喷干混合料，待其与渗水混合后，再逐渐加水喷射。

（6）喷射完成进行喷射机具的清理，湿喷机的关机顺序：喷射混凝土完毕→关闭速凝剂计量泵、主电机、振动器→加水冲洗湿喷机→关高压风→断开电源→拆卸各种管线→调离工作区→保养。

5. 养护。

喷射混凝土终凝 2 h 后，应进行养护。养护方式采用喷雾养护，养护时间不小于

14 d，14 d 内喷射混凝土表面须保持湿润，以防止干裂，影响质量。

四、注意事项与要求

1. 喷射混凝土原材料先检验合格后才能使用，速凝剂应妥善保管，防止变质。

2. 在隧道开挖后，要及时进行喷射混凝土施作。

3. 喷射前应仔细检查喷射面，如有松动岩块应及时处理。喷射中当有脱落的岩块或混凝土被钢筋网架住时，应及时清除后再喷射。

4. 喷射混凝土前，为减少首层粗骨料的回弹量，必要时先喷一薄层水泥砂浆，待终凝后再喷射混凝土。

5. 尽可能将喷头固定在机械手上进行喷射作业，条件不许可而采用人工掌握喷头时，应由两人共同操作喷头。

6. 喷射速度要适当，以利于混凝土的压实。风压过大，喷射速度增大，回弹增加；风压过小，喷射速度过小，压实力小，影响喷射混凝土强度。

7. 喷射时使喷嘴与受喷面间保持适当距离，喷射角度尽可能接近 90°，以获得最大压实度和最小回弹量。

8. 喷射混凝土时每环应及时封闭。

9. 喷射完成后应检查喷射混凝土与岩面黏结情况，可用锤敲击检查。同时测量其平整度和断面，并将此断面与开挖断面对比，确认喷射混凝土厚度是否满足设计和规范要求。

实训九　钢架施工

一、实训目的

1. 掌握隧道内钢架施工的工艺流程，熟悉钢架施工的基本步骤。
2. 掌握隧道钢架施工的关键技术，理解钢架施工注意要点。

二、工艺流程

钢架施工工艺流程如下图所示。

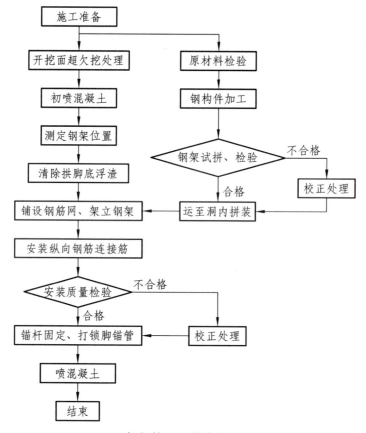

钢架施工工艺流程图

三、作业步骤

1. 钢架加工。

（1）型钢钢架加工。

钢架弯制结合隧道开挖方法，采用型钢弯制机按照隧道断面曲率分节进行弯制，弯制完成后，先在加工场地上进行试拼。各节钢架拼装，要求尺寸准确，弧形圆顺。

（2）格栅钢架加工。

格栅钢架在根据开挖断面设计的工装台上加工。加工好各单元格栅钢架后，组织试拼，检查钢架尺寸及轮廓是否合格。格栅钢架各单元必须明确标准类型和单元号，并分单元堆放于地面干燥的防雨篷内。

（3）钢架接头数量可以在施工中根据具体工法及施工工艺予以调整。

2. 钢架安装。

钢架安装在掌子面开挖初喷完成后立即进行。

（1）根据测设的位置，各节钢架在掌子面上以螺栓连接，连接板应密贴。

（2）为保证各节钢架在全环封闭之前置于稳固的地基上，安装前应清除各节钢架底脚下的虚渣及杂物。

（3）每侧安设2根锁脚锚杆将其锁定，底部开挖完成后，底部初期支护及时跟进，将钢架全环封闭，V级及以上围岩需在拱部钢架基脚处设槽钢以增加基底承载力。

（4）架立钢架后应尽快进行喷混凝土作业，以使钢架与混凝土共同受力。喷射混凝土分层进行，先从拱脚或墙角处由下向上喷射，防止上层喷射料虚掩拱脚（墙角）、不密实，造成强度不够，拱脚（墙角）失稳。

（5）土质隧道拱部开挖安装型钢拱架后，由于隧道围岩的自稳性较差以及各部开挖拉开了一定距离，钢架短时间内不能全断面闭合，有可能会出现拱顶钢架下沉，导致围岩失稳或侵入衬砌界限，因此在施工过程中需加强对钢架安装以后的监控量测，必要时采取有效措施进行加固，以防止拱顶钢架下沉。具体措施如下：

① 加强对钢架的锁脚固定措施。

由于采用分部开挖方法，拱部钢架安装后，钢架暂时不能全断面封闭成环，同时土质隧道拱部钢架无法坐落在坚实的基岩上，因此，拱部钢架必须采取锁脚措施，将钢架两底脚牢固锁定，以防止钢架下沉或两底脚回收。

② 加设钢架基础连接纵梁，扩大开挖底脚，防止钢架悬空。

为防止钢架下沉，视地质情况，必要时在拱部钢架底脚增设连接纵梁，与钢架底脚采用焊接连接，以增加钢架底脚的承力面积。

③ 及时喷射混凝土进行覆盖。

钢架安装完成后，及时喷射混凝土，喷射时分层、分段进行，钢架应全部被喷射混凝土覆盖，保护层厚度不得小于设计值。

④ 防止施工过程中的碰撞和损坏。

机械开挖时，为防止挖掘机等大型机械对已支护好的钢架进行碰撞和冲击，造成钢架损坏，开挖时，要委派专人对开挖作业进行指挥，严格限制机械作业界限，以防止碰撞钢架。

四、注意事项与要求

1. 钢架应按设计位置安设，钢架之间必须用钢筋纵向连接，并要保证焊接质量。

2. 当钢架与围岩之间有较大的空隙时，沿钢架外缘每隔 2 m 应用混凝土预制块楔紧。

3. 钢拱架的拱脚采用纵向托梁和锁脚锚管等措施加强支承。

4. 钢架应尽可能多地与锚杆露头及钢筋网焊接，以增强其联合支护的效应。

5. 喷射混凝土时，要将钢架与岩面之间的间隙喷射饱和，达到密实。

6. 喷射混凝土应分层次分段喷射完成，初喷混凝土应尽早进行"早喷锚"，复喷混凝土应在量测指导下进行，即"勤量测"的基本原则，以保证喷射混凝土的复喷适时有效。

7. 型钢钢架应采用冷弯成型，钢架加工的焊接不得有假焊，焊缝表面不得有裂纹、焊瘤等缺陷。

8. 型钢弯制钢架时，分节长度应根据设计尺寸及所采用的开挖方法确定，各节长度不应大于 4 m，腹板上钻孔的位置应符合设计要求。

9. 钢架应在初喷混凝土后及时架设，各节钢架间以螺栓连接，连接板必须密贴。

10. 钢架安装前应清除底脚下的虚渣及杂物，钢架底脚应置于牢固的基础上。

实训十　超前小导管施工

一、实训目的

1. 掌握隧道内超前小导管施工的工艺流程，熟悉超前小导管施工的基本步骤。
2. 掌握隧道超前小导管施工的关键技术，理解超前小导管施工注意要点。

二、工艺流程

超前小导管施工工艺流程如下图所示。

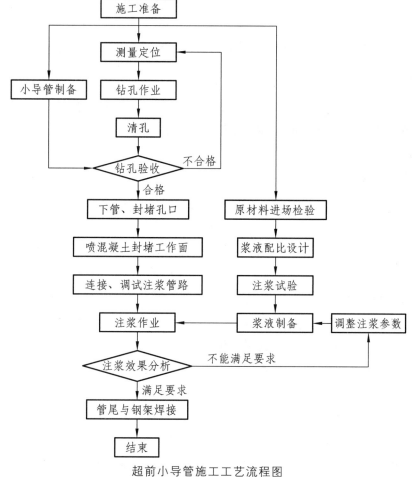

超前小导管施工工艺流程图

三、作业步骤

1. 钻孔。

（1）孔位确定，先将小导管的孔位用红油漆标出，钻孔位置根据设计图纸放样得到，孔位间距等参数参考设计图纸，可根据实际情况作调整。

（2）钻孔，采用风钻或凿岩台车成孔，钻孔钻进避免钻杆摆动，保证孔位顺直，钻至设计孔深后，用吹管将碎渣吹出，避免塌孔。

2. 钢管加工。

超前小导管一般采用 ϕ42 mm 钢管加工制作，管壁上每隔 10～20 cm 交错钻眼，眼孔直径为 6～8 mm，呈梅花形布置，前端做成尖锥形，尾部焊接 ϕ8 mm 钢筋加劲箍，如下图所示。

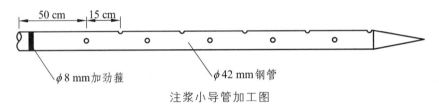

注浆小导管加工图

3. 顶管。

在钻孔内插入 ϕ42 钢花管，开动钻机，利用钻机的冲击力将钢花管顶入围岩中，孔口露出喷射混凝土面 15 cm，钢管顶进钻孔长度 $\geqslant$90%管长。

4. 固定。

顶管至设计孔深后，将孔口用水泥-水玻璃胶泥将钢花管与孔壁之间的缝隙封堵，孔口露出喷射混凝土面 15 cm，安装钢拱架后与拱架焊接在一起。

5. 压水。

管路连接完成后应进行压水试验，以检查管路及工作面有无渗漏现象。

6. 注浆。

（1）按照设计要求选择单液浆或双液浆，按试验阶段确定的浆液配合比进行拌和，注浆前先喷射混凝土 5～10 cm 厚封闭掌子面，形成止浆盘。

（2）冲洗管内沉积物，浆液先稀后浓，由下至上顺序进行。

（3）注意观察施工支护工作面的状态，注浆参数根据注浆试验结果及现场情况及时调整。注浆异常时的处理措施如下：

① 串浆时及时堵塞串浆孔。

② 泵压突然升高时，可能发生堵管，应停机检查。

③ 进浆量很大，压力长时间不升高，应重新调整砂浓度及配合比，缩短胶凝时间。

四、注意事项与要求

1. 小导管钻孔前应按设计要求进行精确定位，以防止穿孔或交叉。

2. 隧道的开挖长度应小于小导管的注浆长度，预留部分作为下一次循环的止浆墙。

3. 注浆前应进行压水试验，检查机械设备是否正常，管路连接是否正确，为加快注浆速度和发挥设备效率，可采用群管注浆（每次3~5根）。

4. 注浆量达到设计注浆量或注浆压力达到设计终压时可结束注浆。

5. 注浆过程中要随时观察注浆压力及注浆泵排浆量的变化，分析注浆情况，防止堵管、跑浆、漏浆，做好注浆记录，以便分析注浆效果。

第二部分 施工质量检查与验收

实训一 模板台车就位

作业人员根据测量放样交底移动台车位置就位。台车就位时应保证与已浇筑的衬砌有不小于 10 cm 的搭接。定位时按测量交底先定出中线位置，再调水平，最后复测中线。台车的模板接缝应与已浇筑段一致，确保外露的线形美观。

一、台车就位

台车在行走时按设计轨道位置行走，轨道下垫的枕木数量必须保证为轨道提供足够的支撑点确保轨道刚度，间隔不超过 0.4～0.6 m，且每节轨道的接头处必须垫枕木，轨道采用 50 kg/m 钢轨。台车在就位前应对模板进行打油，采用高压喷雾器喷液压油，要求模板打油均匀，无遗漏。台车就位由测量组负责，工班台车操作手配合。首先将台车横梁抬平，在台车横梁顶两端悬挂钢卷尺，用水准仪进行观察读数，通过台车的液压升降油缸调节台车横梁的高度，直到台车前后两端横梁完全平行。然后用水准仪测量台车模板顶的高度，用台车的升降油缸将台车模板顶调到设计标高，再次检查台车横梁两端是否平行，若超限则调节平行。最后调节台车中线，用全站仪放出隧道中心线，调节台车的左右摆动油缸，使台车中线与隧道中线重合为止。

台车定位完成后，作业人员配合技术人员按衬砌净空尺寸对台车进行定位检查，合格后进行加固。台车须加固，无漏支撑，技术人员须逐层检查，并形成台车加固检查记录。

模板台车就位除按中线、高程控制位置及各支撑杆件固定牢固外，还应对基础进行硬化处理，以满足台车及混凝土的承载力要求。

（1）台车行走部位地面硬化处理（无仰拱地段）：为了保证行走部位地基承载力满足要求，基础顶面水平，便于轨道铺设，同时设置顶地千斤，需要将台车行走部位进行硬化处理，一般采用浆砌片石，宽度为 1.0 m。

（2）台车基础（墙脚）施工：台车基础施工尺寸、标高不但要满足二衬设计尺寸要求，同时还要便于台车就位及水沟、电缆槽的施工。

（3）中线及标高控制：在台车就位前，定出轨道中线，墙脚顶面就位标高及拱顶中线、标高，以便于控制台车就位按设计进行。

（4）台车行走到位后，调节液压油缸使台车上升及边板外移到就位位置后，再将各部位千斤旋出撑紧，完成台车就位工作。

（5）台车就位后对中线、标高、净空尺寸进行检查验收，符合设计要求后方能浇注混凝土。

二、模板加固

台车确定位置后，由工班进行台车模板加工。锁定台车升降油缸，台车丝杆紧顶在台车主骨架上，丝杆加固从上向下分次进行，下排丝杆紧好后，再倒回紧上排丝杆，然后再回来紧下排丝杆，直到丝杆完全顶紧。丝杆加固好后，应用塑料袋将丝杆丝口包裹，避免混凝土浇筑时将丝口污染。台车模板裙边一定要顶紧在边基上，并与边基严密结合，避免错台及漏浆。台车模板与上一组衬砌面严密结合，紧顶混凝土面，不要产生错台。为保证台车在混凝土浇筑过程中不产生偏移，台车两侧主纵梁要各有一排丝杆支撑在铺底面上，关台车端头的挡头模板，用定型钢模板和 5 cm 厚的木板施作，木板缝间用硬橡胶间隙带塞缝，严禁用水泥袋等杂物堵塞挡头板缝隙。保证混凝土的泌浆水顺利排出，在堵头板设排气孔。用台车端头的夹板夹紧，模板安放牢固。在混凝土浇筑前，冲洗清理台车模板内的杂物。

三、质量控制要点

台车就位后，工班启动，质检工程师检查合格后，通知木工班立模板。模板必须固定牢固，接缝严密，不得漏浆。

（1）台车就位时应保证与已浇筑的衬砌有 10 cm 的搭接。

（2）定位时先定中线位置，再调水平，最后复测中线。

（3）台车伸边模时严禁强行顶压。

（4）模板内预埋件应加固牢固，予以防护。

（5）脱模剂在定位前进行涂抹，避免钢筋污染。

（6）定位后台车采取防滑、防溜措施。

（7）安装输送管道，用水湿润并进行检查。安装后检查管路连接是否牢固、严密。

实训二　止水带安装质量检查

止水带的安装、连接应符合下列规定：

1. 止水带固定牢固、平直，不得有扭曲现象。

2. 止水带安装径向位置允许偏差 ± 5 cm，纵向位置允许偏离中心为 ± 3 cm。中埋式止水带其中心线（中间空心圆环）应与施工缝（变形缝）的中心线重合。

3. 止水带接头连接应采用焊接或设计要求，接缝平整、牢固，不得有裂口和脱胶现象。

4. 背贴式止水带与防水板的连接方式应符合设计要求。

检验数量：施工单位全部检查，监理单位按施工单位检验数量的 20% 抽检，但至少进行一次。

检验方法：施工单位观察、尺量，监理单位见证检验。

止水带安装单元工程质量评定表如下：

止水带安装单元工程质量评定表

单位工程名称			单元工程量		
分部工程名称			施工单位		
单元工程名称、部位			检验日期	年　　月　　日	
项类		检查项目	质量标准	检查记录	
主控项目	1	结构形式、位置、尺寸、材料的品种、规格、性能	符合设计及标准要求		
	2	止水带外观	表面平整、无油渍、砂眼、针孔、变形、裂纹等		
	3	△止水基座	基面无残余橡胶、砂浆、浮渣，并冲洗干净		
	4	△止水带粘贴	粘贴基面平整、洁净、干燥，止水带粘贴紧密，无气泡、缝隙及隆起现象		
	5	△伸缩缝填料	材料符合设计要求，填料密实、平整、洁净，无蜂窝麻面，两侧混凝土面平齐		

项类	检测项目		质量标准	实测值	合格数/点	合格率/%
一般项目	1 止水带几何尺寸偏差	宽	±5 mm			
		高（牛鼻子）	±2 mm			
		长	±20 mm			
	2 搭接长度	橡胶止水带	≥100 mm			
	3 接头抗拉强度		≥母材强度的75%			
	4 止水带中心线与缝中心线安装偏差		±5 mm			

检测结果	共检测　　　　点，其中合格　　　　点，合格率　　　　%

评　定　意　见
主控项目全部符合质量标准。一般检查项目　　　　质量标准，检测项目实测点合格率　　　　%。

评定等级		工程负责人		监理：	核定等级
		施工员			
		质检员			
		年　　月　　日		年　　月　　日	

实训三 土工布铺设质量检查

土工布是一种新型建筑材料，原料是涤纶、丙纶、腈纶、锦纶等高分子聚合物的合成纤维。按照制造方法分为有纺土工布和无纺土工布两种类型。一般工程主要使用的是无纺土工布。土工布具有防渗、反滤、排水、隔离、加固、防护、密封等多种功能，它与常规的砌石及混凝土材料防渗效果相比，具有投资低、施工工艺简单、工期短、防渗效果好，渠道有效利用系数高等优点。

土工布作业施工项目现场检查表如下：

土工布作业施工项目现场检查表

序号	检查项目	判定依据	检查标准	是否符合标准		检查频次	备注
				是（√）	否（原因）		
1	铺挂基面平整度	铁建设〔2005〕160第11.9.4条	铺设防水板的基层平整度符合 $D/L \leqslant 1/6$ 的规定（D—初期支护基层相邻两凸面凹进去的深度，L—初期支护基层相邻两凸面之间的距离。）对凸凹不平部位修凿、补喷，混凝土表面应平顺			沿隧道长度每 10 m 检查 10 处	
2	基面杂物处理		混凝土表面无锚杆头、钢管头、锚杆钉头和钢筋头外露			全部检查	
3	明水处理检查		表面若有明水，采取施堵或引排措施；无明显渗漏现象			全部检查	
4	阴阳角处理		阴阳角处做成 $R \geqslant$ 10 cm			全部检查	
5	土工布材料	铁建设〔2005〕160第11.9.4条	无污染老化等现象			全部检查	
6	固定点设置拱部间距	铁建设〔2005〕160第11.9.3条	0.5～0.8 m			全部检查	
7	固定点设置边墙间距		0.9～1.0 m			全部检查	
8	固定点设置底部间距		1.0～1.5 m			全部检查	

序号	检查项目	判定依据	检查标准	是否符合标准		检查频次	备注
				是（√）	否（原因）		
9	固定点设置形式		呈梅花形排列，并左右上下成行固定			全部检查	
10	缓冲层接缝搭接宽度	技术交底	不小于 50 mm			全部检查	
11	土工布铺设外观质量		铺设面平顺，无隆起，无皱折			全部检查	
12	电线路检查		电线路接头、保护设备以及绝缘情况			每循环检查	
13	消防检查		灭火器配置位置和数量，水管路位置			每循环检查	
14	台架检查		上下梯位置和稳定情况			每循环检查	

填表时必须遵守"填表基本规定"，并符合以下要求：

1. 分项工程划分：按施工检查验收区、段划分，每一区段为一单元工程。

2. 分项工程量：填写土工布的工程量（m²）。

3. 优良：检查项目达到质量标准，检测项目合格率不小于90%。

实训四 防水板安装质量检查

一、防水板、土工复合材料的材质、性能和规格

防水板、土工复合材料的材质、性能和规格应符合下列要求，并符合设计要求。

1. 土工布主要技术性能应符合下表的规定。

土工布主要技术性能

项目	单位	技术指标	备注
断裂能力	kN·m^{-1}	≥15（纵横向）	
断裂延伸率	%	48～80	
CBR 顶破强力	kN	≥2.9	规格按单位面积质量 ≥300g/m^2，厚度≥ 2.2 mm，K＝1.0～9.9
垂直渗透系数	cm·s^{-1}	$K×（10^{-1}～10^{-3}）$	
撕破强力	kN	≥0.42（纵横向）	
化学稳定性 生物稳定性		按设计稳定性	

2. 防水板的规格尺寸及允许偏差应符合下表的规定。

防水板的规格尺寸及允许偏差

项目	厚度	宽度	长度
规格	1.5，2.0，2.5，3.0	2.0，3.0，4.0	20 以上
平均偏差	不允许出现负值	不允许出现负值	不允许出现负值
极限偏差（%）	－5	－1	—

3. 防水板的物理力学性能应符合下表的规定。

防水板的物理力学性能

序号	项　目		指　标		
			EVA	ECB	PE
1	断裂拉伸强度/MPa		≥18	≥17	≥18
2	扯断伸长率/%		≥650	≥600	≥600
3	撕裂强度/（kN·m⁻¹）		≥100	≥95	≥95
4	不透水性/（0.3 MPa/24 h）		无渗漏	无渗漏	无渗漏
5	低温弯折性/°C		≤−35	≤−35	≤−35
6	加热伸缩量/mm	延伸	≤2	≤2	≤2
		收缩	≤6	≤6	≤6
7	热空气老化（80 °C×168 h）	断裂拉伸强度/MPa	≥16	≥14	≥15
		扯断伸长率/%	≥600	≥550	≥550
8	酸碱性	断裂拉伸强度/MPa	≥17	≥16	≥16
		扯断伸长率/%	≥600	≥600	≥550
9	人工候化	断裂拉伸强度保持率/%	≥80	≥80	≥80
		扯断伸长率/%	≥70	≥70	≥70
10	刺破强度/N	防水板厚度/mm　1.5	—	300	300
		2.0	—	400	400
		2.5	—	500	500
		3.0	—	600	600

检验数量：施工单位按进场批次每检验一次，不足 10 000 m² 也按一次计，监理单位按施工单位检验次数的 10% 见证检验。

二、检验方法

施工单位检查产品合格证、质量证明文件，并对防水板的厚度、密度、抗拉强度、断裂延伸率和土工复合材料单位面积的重量等性能指标进行试验。监理单位检查产品合格证、质量证明文件、试验报告，并见证检验。铺设防水板的基层应符合下列规定：

1. 基面应平整、无尖锐物体。
2. 基层平整度应符合两突出物之间的深长比 $D/L \leq 1/10$ 的规定。

检验数量：施工单位、监理单位沿隧道长度每 10 m 检查 10 处。

检验方法：施工单位尺量，监理单位见证检验。

注：D——初期支护基层相邻两凸面凹进去的深度；

L——初期支护基层相邻两凸面之间的距离。

三、防水板铺设

防水板铺设应符合下列要求：

1. 铺设范围应符合设计要求。

2. 应与基面固定牢固，松紧应适度，不得有绷紧和破损现象。

3. 实铺长度与初期支护基面弧长的比值为 10∶8，挂吊点设置的数量应合理。

4. 防水板的搭接宽度不应小于 15 cm，分段铺设的防水板的边缘部位应预留至少 60 cm 的搭接余量，允许偏差为 − 10 cm；全包式防水应在防水板搭接宽度 15 cm 左右两侧各留不小于 10 cm 铺设双面自黏式防水板。

5. 防水板搭接缝与施工缝错开距离不应小于 100 cm，允许偏差为 − 5 cm。

6. 环向铺设时先拱后墙，下部防水板应压住上部防水板。

检查数量：施工单位、监理单位每一浇筑段检查一次。

检查方法：观察和尺量。

四、防水板焊缝

防水板焊缝应符合下列规定：

1. 防水板按设计要求进行双焊缝焊接时，每一单焊缝的宽度不应小于 15 mm。

2. 焊缝应无漏焊、假焊、焊焦、焊穿等现象。

3. 焊缝若有漏焊、假焊应予补焊。

4. 若有焊焦、焊穿处，以及外露的固定点，应采用同质材料覆盖焊接。

检验数量：施工单位、监理单位每一浇筑段环向检查 1 条焊缝、纵向检查 2 条焊缝。

检验方法：焊缝宽度施工单位采用尺量，焊缝质量施工单位采用双焊缝间充气检查。监理单位见证检验。

五、一般项目

1. 铺设防水板的基面阴阳角处应做成 $R \geqslant 10$ cm 的圆弧面，转角 1 m 范围内宜布设双层防水板。

检验数量：施工单位全部检查。

检验方法：观察和尺量。

2. 缓冲层（土工布）接缝搭接宽度不得小于 5 cm，缓冲层应平顺、无隆起，无皱褶。

检验数量：施工单位全部检查。

检验方法：观察、尺量。

3. 防水板铺设应与开挖工作面保持一定的安全的距离，有可靠的防护措施保护防水板。

检查数量：施工单位全部检查。

检查方法：观察。

实训五　仰拱断面检查

隧底开挖轮廓和底部高程应符合设计要求，石质坚硬岩石个别突出部分（每 1 m² 不大于 0.1 m²）侵入衬砌应小于 5 cm。

检验数量：施工单位每一开挖循环检查一次。监理单位按 20%比例抽验。

检验方法：用仪器测量底部高程，用自动断面仪测量周边轮廓断面，绘断面图并与设计断面核对。

一般项目：水沟开挖位置、基底高程应符合设计要求，靠边墙的水沟应与边墙基础同时开挖，一次成型。

检验数量：施工单位每一开挖循环检查一次。

检验方法：观察、仪器测量。

隧道仰拱开挖断面检查记录表如下：

隧道仰拱开挖断面检查记录表

承包单位						合　同　段				
监理单位						本表编号				
工程名称				起讫桩号			部位			
施工日期				检验日期			围岩类别			

序号	检查部位	允许值	检查频率	K		K		K		K	
				设计/cm	实测/cm	设计/cm	实测/cm	设计/cm	实测/cm	设计/cm	实测/cm
1	1#	允许岩石个别突出部分每平方米内不大于0.1 m²,侵入断面不大于3 cm	5~10 m检查一次								
2	2#										
3	3#										
4	4#										
5	5#										
6	6#										
7	7#										
8	8#										
9	9#										
10	10#										
11	11#										
12	12#	平均+10 cm									
13	13#										
14	14#										

附草图（或照片）	自检意见	
	监理意见	

检查		质检工程师		监理工程师	

实训六　仰拱基底检查

1. 边墙基础及隧道底地质情况应满足设计要求，基底内无积水、浮渣。

检验数量：施工单位每一开挖循环检查一次，监理单位按 20%比例抽验。

检验方法：施工单位进行地质描述，监理单位见证检验。

2. 隧底开挖时不得破坏基底加固处理桩体，开挖时必须预留桩顶 30 cm 土体人工开挖。

检验数量：施工单位、监理单位每处检查一次。

检验方法：观察、仪器测量。

3. 隧底、仰拱开挖进尺应符合设计要求。软弱围岩隧道仰拱每循环开挖进尺不得大于 3 m。

检验数量：施工单位每一开挖循环检查一次，监理单位按施工单位检验数量的 10%平行检验。

检验方法：测量、尺量。

隧道仰拱底（隧底）基础检查表如下：

隧道仰拱底（隧底）基础检查表

合同段				工程名称					

桩号或部位				检查日期					

取点示意	点位里程	1			0			2		
		标高			标高			标高		
		设计值	实测值	超欠	设计值	实测值	超欠	设计值	实测值	超欠
0：仰拱（隧底）中心 1、2：仰拱拱腰或隧底半宽中点										

基底地质描述：

地下水发育情况及处置：

仰拱（隧底）清理情况：

其他：

检查结果	

检查		监理工程师	

实训七　仰拱钢筋检查

1. 钢筋在加工前应调直，并不应有削弱钢筋截面的伤痕。

2. 钢筋净保护层 55 cm。

3. 钢筋接头应设置在承受应力较小处，并应分散布置。配置在"同一区段"内受力钢筋接头的截面面积，占受力钢筋总截面面积的百分率，应符合设计要求。当设计无要求时，应符合下列规定：

（1）焊（连）接接头在受弯构件的受拉区不得大于 50%，轴心受拉构件不得大于 25%。

（2）绑扎接头在构件的受拉区不得大于 25%，在受压区不得大于 50%。

4. 在同一根钢筋上应少设接头。"同一连接区段"内，同一根钢筋上不得超过一个接头。

5. "同一连接区段"长度：焊接接头或机械连接为 35d（d 为纵向受力钢筋的较大直径）且不小于 500 mm（主筋 ϕ25 的钢筋为 87 cm，分布筋 ϕ14 为 49 cm），绑扎接头为 1.3 倍搭接长度且不小于 500 mm。凡接头中点位于该连接区段长度内的接头均属于同一连接区段（主筋 ϕ25 的钢筋为 98 cm，分布筋 ϕ14 为 55 cm，所以仰拱预留钢筋接槎接头处为相邻钢筋错开 98 cm）。

6. 焊接钢筋接头长度为：双面焊缝主筋 ϕ25 的钢筋为 13 cm、分布筋 ϕ14 为 7 cm，单面焊主筋 ϕ25 的钢筋为 25 cm、分布筋 ϕ14 为 14 cm，绑扎连接主筋 ϕ25 的钢筋为 75 cm、分布筋 ϕ14 为 42 cm。

7. 连接筋钩紧上下主筋与分布筋交叉点并用扎丝十字绑紧。

8. 钢筋搭接、帮条焊接的焊缝计算厚度 h 应不小于 $0.3d$，焊缝宽度 b 应不小于 $0.8d$。

搭接接头钢筋的端部应预先折向一侧，搭接钢筋的轴线应位于同一直线上。

帮条和被焊钢筋的轴线应在同一平面上。

帮条与被焊钢筋间应采用 4 点固定，搭接焊时应采用 2 点固定。定位焊缝应离帮条端部或搭接端部 20 mm 以上。

焊接时应在帮条或搭接钢筋的一端引弧，并应在帮条或搭接钢筋端头上收弧，弧坑应填满。第一层焊缝应有足够的熔深，主焊缝与定位焊缝应熔合良好。

采用电弧搭接焊、帮条焊的接头，应逐个进行外观检查，并应符合下列规定：

（1）用小锤敲击接头时，钢筋发出与基本钢材同样的清脆声。

（2）电弧焊接接头的焊缝表面应平顺，无缺口、裂纹、较大的金属焊瘤和其他缺陷。

9. 垫块互相错开，分散布置，不得横贯保护层的全部截面；垫块数量不得少于 4 个/m²，绑扎垫块和钢筋的铁丝头不得伸入保护层内。

10. 保护层垫块的尺寸应保证钢筋混凝土保护层厚度的准确性，其形状（宜为工字形或锥形）应有利于钢筋的定位。

11. 绑扎和焊接的钢筋骨架，在运输、安装和浇筑混凝土过程中不得有变形、开焊或脱开现象，并应符合下列规定：

（1）在钢筋的交叉点处，应用直径 0.7 ~ 2.0 mm 的铁丝，按逐点改变绕丝方向（8 字形）的方式交错扎结，或按双对角线（十字形）方式扎结。

（2）箍筋与主筋交叉点处应以铁丝绑扎；梁柱等构件拐角处的交叉点应全部绑扎；中间平直部分的交叉点可交错扎结。

实训八 喷射混凝土质量检查

喷射混凝土支护质量需做到内坚外美。外观上做到表面平整密实、断面轮廓符合设计要求，无漏喷、离鼓、裂缝、外露钢筋网等现象；内在的混凝土抗压强度和厚度达到设计要求，与岩面粘贴牢靠，不得有空洞空隙。喷射混凝土回弹率也是检验施工质量的一项指标，因回弹率高，喷射混凝土的骨料级配变化大，与设计的强度指标相差就多。

一、抗压强度试验

1. 试块置备：

（1）喷大板切割法。施工时将混凝土喷在模型内，达到一定强度后，加工成 10 cm × 10 cm × 10 cm 的立方体试块，在标准条件下养护。

（2）凿方切割法。在有一定强度的喷层上，凿取混凝土，加工成 10 cm × 10 cm × 10 cm 的立方体试块，在标准条件下养护。

2. 试块数量：

（1）为获取喷射混凝土强度增长曲线，可按初凝时间、5 MPa 时间、7 d 时间、28 d 时间制备试块。

（2）为检查 28 d 强度，每 10 m 隧道至少拱、墙各取一组试样，每组至少 3 个。变更材料、配合比另取一组。

3. 评定合格的标准：

（1）同一配合比试块的抗压强度平均值不低于设计强度。

（2）任意一组试块抗压强度平均值不得低于设计强度的 80%。

（3）同批试块低于设计强度的试块组数不得多于下表所示值：

同批试块低于设计强度的试块组数最大值

同批试块组数	3~5	6~16	>17
低于设计强度的组数	1	2	总组数的 15%

二、喷射混凝土层厚度检测

1. 检查方法：

（1）凿孔或钻孔。可用酚酞试液涂抹孔壁，呈红色为混凝土，或用尺量。

（2）断面仪。比较喷射混凝土前后的轮廓线。

2. 检查数量：

（1）每10 m至少检查一个断面。

（2）每断面由拱顶起，每隔2 m凿孔检查一个点。

3. 钻孔处厚度合格条件：

（1）60%以上不小于设计厚度。

（2）平均厚度不得小于设计厚度。

（3）最小厚度不应小于设计厚度的一半。

三、初期支护地质雷达法检测

1. 检测内容：

（1）支护、衬砌厚度。

（2）背部回填的密实度。

（3）背后的空洞。

（4）内部的钢架、钢筋分布。

2. 地质雷达检测原理：

电磁波在不同电性介质里传播时其波形特征会发生改变,据此推测介质分布情况。介质的电性特征是指介质的介电常数、电导率和衰减系数。

3. 现场测线布置：

现场测线一般以纵向为主，环向为辅，纵向测线有3测线、5测线、7测线等。环向测线一般以点测为主。

实训九　锚杆安装质量检查

一、锚杆安装检查

1. 锚杆位置。允许孔位偏差 15 mm，系统锚杆检查时应注意间距和排距的尺量。

2. 锚杆方向。局部锚杆钻孔方向以穿过岩层不利组合结构面为宜；系统锚杆钻孔方向尽量垂直于围岩壁面，兼顾尽可能地多穿过岩层主要结构面。

3. 钻孔质量。砂浆锚杆的钻孔深度允许偏差 50 mm，孔径应大于杆体直径 15 mm，孔身应圆而直。检查时可用带长度刻度、直径适当的木棍。

二、锚杆拉拔力测试

锚杆拉拔力测试是为了了解锚杆锚固围岩的作用和施工安装质量的检测。前者需在隧道开工前进行，后者应在施工期间进行。

测试方法：

（1）根据测试目的确定拉拔时间。对于锚固围岩作用的测试，一般按安装完成后 2 h、4 h、8 h、12 h、24 h、48 h……的时间序列进行；对于检测安装质量的测试，待砂浆强度达到设计值后进行。

（2）加载要求。以每分钟 10 kN 的速率匀速加载；测位移时停止加载。非破坏性试验，拉拔力达到设计值时停止加载；破坏性试验可测得最大承载力。

（3）绘制锚杆的拉力-位移曲线，供分析使用。

三、锚杆安装质量测试的要求

1. 每安装 300 根锚杆至少随机抽样一组（3 根），设计变更或材料变更另作一组。
2. 同组锚杆的平均拉拔力应大于等于设计值。
3. 同组单根锚杆的拉拔力不得低于设计值的 90%。

四、砂浆锚杆注满度检测

1. 原理：

瑞典的 H. Thurner 提出：在锚杆体外端发射一个超声波脉冲，它沿杆体钢筋以管道波形式传播，到达钢筋底端反射，在杆体外端可接收此反射波。测超声能量损耗来判定砂浆、灌注质量的好坏。

如果水泥砂浆密实地填充在锚杆与围岩之间，则超声波在传播过程中能量损失很大，在杆体外端测得的反射波振幅很小，甚至测不到；如果无砂浆握裹，则超声波仅在钢筋中传播，能量损失不大，接收到的反射波振幅较大。

如果握裹砂浆不密实，中间有空洞或缺失，则得到的反射波振幅的大小介于前二者之间。

2. 测试方法：

（1）制备标准锚杆。在现场按设计参数，对不同类型围岩，各设 3～4 组标准锚杆，每组 1～2 根。每组按密实度为 90%、80%、70% 填充水泥砂浆。

（2）测试标准锚杆反射振幅值，作为检测其他锚杆的标准。

（3）每根锚杆读数 5～15 次，取反射振幅值的均值。仪器自动显示被测锚杆的长度、砂浆密实度级别。

实训十　钢筋网挂网质量检查

一、主控项目

1. 钢筋网所使用的钢筋原材料进场检验必须符合《高速铁路隧道工程施工质量验收标准》（TB 10753—2010）第 8.3 节的相关规定。

2. 钢筋网所用钢筋的品种、规格等应符合设计要求和国家、行业有关技术标准的规定。

检验数量：施工单位、监理单位全部检查。

检验方法：观察、钢尺检查。

3. 钢筋网的制作、安装的检验应符合《高速铁路隧道工程施工质量验收标准》（TB 10753—2010）第 7.5.6 条 ~ 7.5.8 条的规定。

二、一般项目

1. 钢筋网的网格间距应符合设计要求，网格尺寸允许偏差为 ± 10 mm。

检验数量：施工单位每作业循环检查一次，随机抽样 5 片。

检验方法：尺量。

2. 钢筋网搭接长度应为 1 ~ 2 个网孔，允许偏差为 ± 50 mm。

检验数量：施工单位每作业循环检查一次，随机抽样 5 片。

检验方法：尺量。

3. 钢筋应冷拉调直后使用，钢筋表面不得有裂纹、油污、颗粒状或片状锈蚀。

检验数量：施工单位全部检查。

检验方法：观察。

钢筋网检验批质量验收记录表如下：

钢筋网检验批质量验收记录表

单位工程名称					
分部工程名称		支护			
分项工程名称		钢筋网		验收部位	
施 工 单 位				项目负责人	
施工质量验收标准名称及编号		《铁路隧道工程施工质量验收标准》（TB 10417—2003）			

施工质量验收标准的规定				施工单位检查评定记录	监理单位验收记录
主控项目	1	钢筋网材料质量	第6.4.1条	钢筋网焊接试验报告1份。ϕ8试验编号05-28-16。质量合格	
	2	钢筋类型、规格、性能	第6.4.2条	ϕ8圆钢。符合设计要求和有关技术标准	
	3	钢筋网制作	第6.4.3条	冷拉调直，20 cm×20 cm，焊接牢固。符合设计要求	
一般项目	1	钢筋网固定	第6.4.5条	钢筋网与钢架支撑焊接牢固。符合规定	
	2	钢筋网施工工艺	第6.4.6条	钢筋网顺序搭接铺挂，符合规定	
	3	钢筋外观质量	第6.4.8条	表面无裂纹、油污、颗粒状或片状锈蚀	
	4	允许偏差/mm 网格尺寸	±10		
	5	搭接长度	±50		

施工单位检查评定结果					
	专职质量检查员		年	月	日
	分项工程技术负责人		年	月	日
	分项工程负责人		年	月	日

监理单位验收结论				
	监理工程师			
		年	月	日

实训十一　钢拱架安装质量检查

钢拱架是被动支撑维持围岩稳定的，主要用于围岩自稳能力极差的情况，能及时控制围岩的变形和坍塌。

钢拱架根据采用的钢材分为：

（1）钢格栅拱。由钢筋焊接而成，截面分矩形、三角形；主筋为直径一般不小于22 mm 的二级钢筋；每副格栅拱分 3～5 节，用法兰、螺栓连接，并焊接。特点是与喷射混凝土构成刚度较大的支护结构。

（2）型钢拱。弯曲机冷弯成型，有 H 型钢、工字钢、U 型钢、管型钢拱。每副型钢拱分 3～5 节，可用法兰、螺栓连接（H 型钢、工字钢），或焊接（管型钢拱），或卡具嵌套（U 型钢）。

一、加工质量检测

1. 加工尺寸检测：

（1）检测钢拱架与连接件的形状、尺寸：

（2）检查所用材料型号。

（3）检查连接件眼孔配合情况。

（4）检查钢架分节位置，应便于施工安装，有利于钢架受力，与开挖方法适应。

2. 强度与刚度抽检：

（1）取一定数量的钢架在试验台上加载试验，建立荷载与变形关系，计算出钢架的强度和刚度。

（2）检查型钢有无冷弯褶皱、翘曲现象。

（3）检查钢架锈蚀、硬伤现象。

3. 焊接质量检查。

检查焊接长度、深度，是否有氧焊皮（若有应清除），是否有假焊。

二、安装质量检测

1. 安装就位检测：

（1）测量钢架排距，误差不应超过超过 5 cm。

（2）测量钢架拱顶标高，不得侵入衬砌空间超过 5 cm。

（3）测量钢架拱脚、墙脚到隧道中线的水平距离，其误差应满足贯通误差要求。

（4）测量钢架平面的偏斜度和倾斜度，与隧道中线方向偏差不得大于2°。

2. 固定与连接检查：

（1）检查钢架脚是否安放在稳固的基础上。

（2）检查钢架背后垫块数量和楔紧程度。

（3）检查钢架间连接筋的布设与焊接质量。

（4）检查钢架与锚杆的连接。

三、检测方法

1. 对加工用的大样靠模按加工数量定期检测。

2. 钢架加工尺寸采用随机抽查方法，检测已成型的部件和构件；可用靠模比较和钢尺测量。

3. 每10榀钢架抽检一幅就位检查。可用全站仪直角坐标法检测。

4. 观察每榀钢架的固定和连接质量。

钢拱架安装检验记录表见下表。

钢拱架安装检验记录表

单位工程名称				分部工程名称		
单元工程名称				施工单位		
起讫桩号				施工日期		
钢拱架型号				围岩类型		
序号	检查项目		允许值或设计值	检查频率	检查结果	
1	拱架规格		20#工字钢	每榀检查		
2	连接钢筋		20 螺纹钢筋	每榀检查		
3	安装偏差/mm	横向	±50 mm	每榀检查		
		高程	+50～0 mm			
4	安装间距/mm		500 mm	每榀检查		
5	倾斜度/（°）		≤2°	每榀检查		
检查意见：						
	施工单位			监理单位		
检查记录人： 质量检查员： 技术负责人： 　　　　年　　月　　日				监理工程师： 　　　　年　　月　　日		

第三部分　施工、运营质量监控

实训一　隧道施工监测基本知识

一、施工监测的意义和目的

隧道围岩现场控制测量是新奥法的核心部分，通过它可以掌握围岩动态变化，了解围岩应力分布状态，判断围岩稳定性，掌握支护结构的受力状态，确定衬砌支护形式、支护参数、合理的支护时间，评价支护结构的合理性和安全性。现场监控量测可直接获取现场隧道围岩动态信息。现场监测以数据为依据，为工程把关，是业主和工程技术人员的另一只眼睛可及时发现险情，及时预警，预防塌方，这对设计优化、安全施工、保质保量保证工期、控制造价等起着十分重要的作用。

为了及时掌握围岩在开挖过程中的动态和支护结构稳定状态，提供有关隧道施工全面系统的信息资料，也为了评价和修改初期支护的参数，进行力学分析及为二次衬砌施作时间提供依据，确保施工安全与支护结构的稳定，施工单位应充分结合隧道工程实际情况，认真进行监控量测。

二、施工监测基本要求

（1）尽快埋设测点。一般情况下，应力、位移的变化在测点前后两倍洞径范围内最大。第一次测设宜在埋设测点后 24 h 内进行，以便取得初始数据。通常要求在爆破后 24 h 内和下一次爆破之前测读初始读数。

（2）进行一次量测的时间宜尽量短。

（3）传感元件要有较好的防震、防冲击的能力，且长期有效。

（4）测设的数据要求直观、准确、可靠。隧道开挖、支护作业是连续循环进行的，信息反馈应及时、全面，否则会影响到施工或因漏掉重要信息而造成严重后果。为了便于信息反馈，测设数据以直观为好，即测得数据不需要经过复杂的计算就可以直接应用。

（5）测试仪器要有足够的精度。监测手段和测试仪器的确定主要取决于围岩工程地质条件、力学性质以及测量的环境条件。通常对于软弱围岩中的隧道工程，由于围岩变形量值较大，因而可采用精度稍低的仪器和装置；而在硬岩中则采取高精度监测原件和仪器。在干燥无水的隧道工程中，电测仪表往往能较好地工作；在地下水发育的地层中进行电测就较为困难。

三、监测项目及其分类

隧道施工监测的目的在于收集可反映施工过程中围岩动态的信息，以判断隧道围岩的稳定状态，以及所选支护结构参数和施工的合理性，因此量测项目可分为必测项目和选测项目。

（1）必测项目。

必测项目是必须进行的常规监测项目，是为了在设计施工中确保围岩稳定、判断支护结构工作状态、指导设计施工的经常性量测。这类量测通常测试方法简单、费用少、可靠性高，对监测围岩稳定和指导设计施工有巨大作用。必测项目是新奥法隧道施工监测的重点，具体必测项目见下表。

必测项目表

序号	监测项目	常用测量仪器	备注
1	洞内、外观察	现场观测、数码相机、罗盘仪	
2	拱顶下沉	水准仪、钢挂尺或全站仪	
3	净空变化	收敛计或全站仪	
4	地表沉降	水准仪、因钢尺或全站仪	隧道浅埋段

（2）选测项目。

选测是对一些有特殊意义和具有代表性的区段进行补充测试，以求更深入地了解围岩的松动范围和稳定状态以及锚喷支护的效果，为未开挖区段的设计施工积累现场资料。这类量测项目测试比较麻烦，量测项目较多，费用较高，见下表。因此，除了有特殊量测任务的地段外，一般根据需要选择其中一些必要的项目进行量测。

选测项目表

序号	监测项目	常用测量仪器
1	围岩压力	压力盒
2	钢架内力	钢筋计、应力计
3	混凝土内力	混凝土应变计
4	二次衬砌内力	混凝土应变计、钢筋计

续表

序号	监测项目	常用测量仪器
5	初期支护与二次衬砌间接触压力	压力盒
6	锚杆轴力	钢筋计
7	围岩内部位移	多点位移计
8	隧底隆起	水准仪、因钢尺或全站仪
9	爆破振动	振动传感器、记录仪
10	孔隙水压力	水压计
11	水量	三角堰、流量计
12	纵向位移	多点位移计、全站仪

四、监测频率

必测项目的监测频率应根据测点距开挖面的距离及位移速度分别按以下两个监测频率表确定。由位移速度决定的监测频率和由距开挖面的距离决定的监测频率之中，原则上采用较高的频率值。出现异常情况或不良地质时，应增大监测频率。选测项目监测频率应根据设计和施工要求以及必测项目反馈信息的结果确定。

按距开挖面距离确定的监测频率表

监测断面距开挖面距离/m	监测频率	监测断面距开挖面距离/m	监测频率
（0~1）B	2 次/d	（2~5）B	2 次/（2~3 d）
（1~2）B	1 次/d	>5B	1 次/7 d

注：B 为隧道宽度。

按位移速度确定的监测频率表

位移速度/（mm/d）	监测频率	位移速度/（mm/d）	监测频率
≥5	2 次/d	0.2~0.5	1 次/3 d
1~5	1 次/d	<0.2	1 次/7 d
0.5~1	1 次/（2~3d）		

五、监测控制基准

监控控制基准包括隧道内位移、地表沉降、爆破振动等，应根据地质条件、隧道施工安全性、隧道结构的长期稳定性，以及周围建（构）筑物特点和重要性等因素制定。

隧道初期支护极限相对位移可参照下二表选用。

跨度 $B \leq 7$ m 的隧道初期支护极限相对位移 U_0 表

围岩级别	隧道埋深 h/m		
	$h \leq 50$	$50 < h \leq 300$	$300 < h \leq 500$
拱脚水平相对净空变化/%			
Ⅱ	—	—	0.20~0.60
Ⅲ	0.10~0.50	0.40~0.70	0.60~1.50
Ⅳ	0.20~0.70	0.50~2.60	2.40~3.50
Ⅴ	0.30~1.00	0.80~30.50	3.00~5.00
拱顶相对下沉/%			
Ⅱ	—	0.01~0.05	0.04~0.08
Ⅲ	0.01~0.04	0.03~0.11	0.10~0.25
Ⅳ	0.03~0.07	0.60~0.15	0.10~0.60
Ⅴ	0.06~0.12	0.10~0.60	0.50~1.20

注：1. 本表适用于复合式衬砌的初期支护，硬质围岩隧道取表中最小值，软质围岩隧道取表中最大值。表中数值可在施工中通过实测资料积累作适当修正。

　2. 拱脚水平相对净空变化指两拱脚测点间净空水平变化值与其距离之比，拱顶相对下沉是指拱顶下沉值减去隧道下沉值后与原拱顶至隧底高度之比。

　3. 墙腰水平相对净空变化极限值可按拱脚水平相对净空变化极限值乘以 1.2~1.3 后采用。

跨度 7 m $< B \leq 12$ m 的隧道初期支护极限相对位移 U_0 表

围岩级别	隧道埋深 h/m		
	$h \leq 50$	$50 < h \leq 300$	$300 < h \leq 500$
拱脚水平相对净空变化/%			
Ⅱ	—	0.01~0.03	0.01~0.08
Ⅲ	0.03~0.10	0.08~0.40	0.30~0.60
Ⅳ	0.10~0.30	0.20~0.80	0.70~1.20
Ⅴ	0.20~0.50	0.40~2.00	1.80~3.00
拱顶相对下沉/%			
Ⅱ	—	0.03~0.06	0.05~0.12
Ⅲ	0.03~0.06	0.04~0.15	0.12~0.30
Ⅳ	0.06~0.10	0.08~0.40	0.30~0.80
Ⅴ	0.08~0.16	0.14~1.10	0.80~1.40

注：1. 本表适用于复合式衬砌的初期支护，硬质围岩隧道取表中最小值，软质围岩隧道取表中最大值。表中数值可在施工中通过实测资料积累作适当修正。

　2. 拱脚水平相对净空变化指两拱脚测点间净空水平变化值与其距离之比，拱顶相对下沉是指拱顶下沉值减去隧道下沉值后与原拱顶至隧底高度之比。

　3. 墙腰水平相对净空变化极限值可按拱脚水平相对净空变化极限值乘以 1.1~1.2 后采用。

位移控制基准应根据测点距开挖面的距离，由初期支护极限相对位移按下表要求确定。

位移控制基准表

类别	距开挖面 $1B$ （U_{1B}）	距开挖面 $2B$ （U_{2B}）	距开挖面较远
允许值	65% U_0	90% U_0	100% U_0

注：B 为隧道宽度，U_0 为极限相对位移值。

根据位移控制基准，可按下表分为三个位移管理等级。

位移管理等级

管理等级	距开挖面 $1B$	距开挖面 $2B$	施工状态
Ⅲ	$U<U_{1B}/3$	$U<U_{2B}/3$	可正常施工
Ⅱ	$U_{1B}/3 \leq U \leq 2U_{1B}/3$	$U_2B/3 \leq U \leq 2U_{2B}/3$	应加强支护
Ⅰ	$U>2U_{1B}/3$	$U>2U_{2B}/3$	应采取特殊措施

实训二 洞内、外状态观察

一、观察目的

1. 预测开挖面前方的地质条件。

2. 为判断围岩、隧道的稳定性提供地质依据。

3. 根据喷层表面状态及锚杆的工作状态，分析支护结构的可靠度。

二、观察内容

隧道施工过程中应进行洞内、外观察，洞内观察分开挖工作面观察和已支护地段观察两部分。

1. 开挖工作面观察应在每次开挖后进行。观察内容有工作面状态、围岩变形、围岩风化变质情况、节理裂隙、断层分布和形态、地下水情况以及喷射混凝土的效果。观察后及时绘制开挖工作面地质素描图，填写开挖工作面地质状态记录表和施工阶段围岩级别判定卡。对已支护地段的观察每天应进行一次，主要观察围岩、喷射混凝土、锚杆和钢架等的工作状态。观察中发现围岩条件恶化时，应立即上报设计、监理单位，采取相应处理措施。

2. 洞外观察重点应在洞口段及岩溶发育区段地表和洞身埋置深度较浅地段，其观察内容应包括地表开裂、地表沉陷、边坡及仰坡稳定状态、地表水渗透情况、地表植被变化等。

开挖工作面地质状况记录见下表。

开挖工作面地质状况记录表

<table>
<tr><td>开挖工作面里程</td><td colspan="3"></td><td colspan="4">埋深/m</td><td colspan="4"></td></tr>
<tr><td rowspan="2">地层岩性</td><td rowspan="2">围岩级别</td><td>设计</td><td rowspan="2"></td><td rowspan="2">饱和基线抗压强度 R_a/MPa</td><td>极硬岩 R_a>60</td><td>硬岩 R_a=30~60</td><td>软质岩 R_a=15~30</td><td>软岩 R_a=5~15</td><td colspan="2">极软岩 R_a<5</td><td>取样编号</td><td>试验编号</td></tr>
<tr><td>实际施工</td><td></td><td></td><td></td><td></td><td colspan="2"></td><td></td><td></td></tr>
<tr><td rowspan="8">开挖工作面上围岩岩体结构特征</td><td>层理</td><td>产状</td><td>间距/m</td><td colspan="2">单层厚度/m</td><td colspan="2">层面特征</td><td colspan="2"></td><td colspan="2">与隧道夹角</td></tr>
<tr><td rowspan="5">节理裂隙</td><td>组次</td><td>产状</td><td>间距/m</td><td>长度/m</td><td>缝宽/mm</td><td>充填物</td><td>与隧道夹角</td><td colspan="4" rowspan="5">结构面与隧道轴线关系图</td></tr>
<tr><td>1</td><td></td><td></td><td></td><td></td><td></td><td></td></tr>
<tr><td>2</td><td></td><td></td><td></td><td></td><td></td><td></td></tr>
<tr><td>3</td><td></td><td></td><td></td><td></td><td></td><td></td></tr>
<tr><td>4</td><td></td><td></td><td></td><td></td><td></td><td></td></tr>
<tr><td colspan="2">层状</td><td colspan="3">破碎带宽度</td><td colspan="2">破碎带夹角</td><td colspan="2"></td></tr>
<tr><td rowspan="14">侧壁围岩岩体结构特征</td><td colspan="6">左侧壁</td><td colspan="7">右侧壁</td></tr>
<tr><td>层理产状</td><td>单层厚度/m</td><td>层间特征</td><td colspan="2">与隧轴夹角</td><td rowspan="7">与隧道夹角</td><td>单层厚度/m</td><td colspan="2">层间特征</td><td colspan="3">与隧轴夹角</td></tr>
<tr><td>组次</td><td>产状</td><td>间距/m</td><td>长度/m</td><td>缝宽/mm</td><td>节理裂隙</td><td>组次</td><td>产状</td><td>间距/m</td><td>长度/m</td><td>缝宽/mm</td><td>充填物</td><td>与隧道夹角</td></tr>
<tr><td>1</td><td></td><td></td><td></td><td></td><td>1</td><td></td><td></td><td></td><td></td><td></td><td></td></tr>
<tr><td>节理裂隙</td><td></td><td></td><td></td><td></td><td></td><td></td><td></td><td></td><td></td><td></td><td></td></tr>
<tr><td>2</td><td></td><td></td><td></td><td></td><td>2</td><td></td><td></td><td></td><td></td><td></td><td></td></tr>
<tr><td>3</td><td></td><td></td><td></td><td></td><td>3</td><td></td><td></td><td></td><td></td><td></td><td></td></tr>
<tr><td>4</td><td></td><td></td><td></td><td></td><td>4</td><td></td><td></td><td></td><td></td><td></td><td></td></tr>
<tr><td>岩层产状</td><td>破碎带宽/m</td><td>破碎带特征</td><td>破碎带夹角</td><td>断层产状</td><td>破碎带宽/m</td><td colspan="2">破碎带特征</td><td colspan="3">破碎带夹角</td></tr>
<tr><td rowspan="2">地下水</td><td>涌水位置</td><td>涌水量/[L(min·10m)]</td><td>无水（<10）</td><td>滴水（10~25）</td><td>线状（25~125）</td><td>股状（>125）</td><td>含沙情况</td><td colspan="2">侵蚀类型</td><td>取水样编号</td><td colspan="2">试验编号</td></tr>
<tr><td></td><td></td><td></td><td></td><td></td><td></td><td></td><td colspan="2"></td><td></td><td colspan="2"></td></tr>
<tr><td rowspan="2">稳定性</td><td>周定</td><td>拱部掉块</td><td colspan="2">边墙掉块</td><td>拱部坍塌</td><td colspan="2">边墙坍塌</td><td colspan="2">塌方>10 m³</td><td colspan="2">塌方<10 m³</td></tr>
<tr><td>挖工作面</td><td></td><td colspan="2"></td><td></td><td colspan="2"></td><td colspan="2"></td><td colspan="2"></td></tr>
<tr><td colspan="3" rowspan="2">侧壁素描</td><td colspan="3">开挖工作面素描</td><td colspan="3">工程措施及有关参数</td><td colspan="2"></td></tr>
<tr><td colspan="1">左侧壁</td><td colspan="2">右侧壁</td><td colspan="3">开挖工作面</td><td colspan="2"></td></tr>
</table>

实训三 拱顶下沉监测

一、监测目的及适用范围

拱顶下沉监测资料是确认围岩的稳定性，判断支护效果，指导施工工序，预防拱顶崩塌，保证施工质量和安全的最基本的资料。

二、测量仪器及测点布置

拱顶下沉量测可用精密水准测量仪配合拱顶位移计（普通钢卷尺）进行。当隧道埋深较浅时，可在洞外布点，即由地表垂直钻孔，埋设位移计布设测点；当隧道埋深较深时，则在隧道开挖后的洞内拱顶布点。原则上测点应设在拱顶的中心点上，如因风管妨碍测量工作时，也可将测点设于拱顶中心点之外。如下二图分别为拱顶下沉断面测点布置示意图和拱顶下沉测桩（倒三角状）。

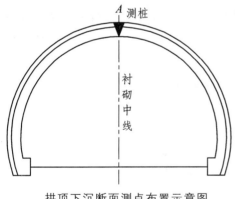

拱顶下沉断面测点布置示意图　　　　　　　　　拱顶下沉测桩

三、量测点间距

拱顶下沉量与净空变形量测原则上设置在同一断面上进行，其量测的间距一般为：Ⅱ级围岩 150 m，Ⅲ级围岩 100 m，Ⅳ级围岩 50 m，Ⅴ～Ⅵ级围岩 20 m。洞口附近及施工初期的测点间距应适当缩短，一般为 10～20 m。

四、量测频率

量测频率如下表所示。

隧道现场监控量测项目及量测方法表

项目名称	量测间隔时间			
	1～15 d	15 d～1 个月	1～3 个月	3 个月以后
拱顶沉降	1～2 次/d	1 次/2 d	1～2 次/周	1～3 次/月

测量结果记录如下表所示。

测量结果记录表

观测日期	测点	后视读数			前视读数			高差/mm	下沉差/mm	累计沉降/mm
		粗读	精读	终值	粗读	精读	终值			

五、量测方法

拱顶沉降与周边位移设在同一个断面，在拱顶固定一个倒三角测桩，测试时将水准仪安放在标准高程点和拱顶测点之间，因钢尺底端抵在标准高程点上，并将因钢尺调整到水平位置，如下图所示。

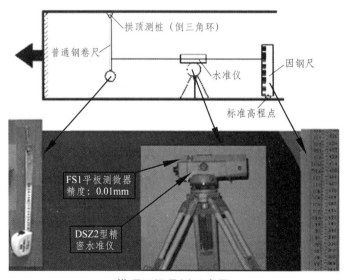

拱顶下沉量测示意图

首次量测时，通过水准仪后视因钢尺记下读数 h_1，再前视普通钢卷尺记下读数 h_2；再次量测时，通过水准仪后视因钢尺记下读数 h_3，再前视普通钢卷尺记下读数 h_4。则该两次相隔时间内，拱顶下沉量为：

$$\Delta H = (h_1 + h_2) - (h_3 + h_4)$$

六、数据整理

根据测量资料绘制的曲线有：下沉量随时间变化曲线、下沉速度随时间变化曲线、下沉量与开挖面距离关系曲线。

七、结论及工程建议

拱顶下沉速率小于 0.07 ~ 0.15 mm/d 时，施作二次衬砌。

实训四 净空变化监测

一、监测目的

1. 净空变化是隧道围岩应力状态变化的最直观反映，量测净空变化可为判断隧道空间的稳定性提供可靠的信息。

2. 根据变位速度判断隧道围岩的稳定程度，为二次衬砌提供合理的施作时间。

3. 指导现场设计与施工。

二、监测仪器及方法

隧道净空变化监测常采用收敛计，对于大断面隧道，采用全站仪与反射膜片相结合的无尺监测技术亦越来越普遍。目前，采用最多的收敛计是数字显示收敛计，如下图所示。

数显收敛计

（一）收敛计监测

1. 基本工作原理。

收敛计是利用机械传递位移的方法，将两个监测点间相对位移的变化值转变为数显位移计的两次读数差。首先在隧道两次边墙上沿同一水平线预埋两个监测点，用收敛计测读两点间的初始长度，一段时间后再次测读两点之间的长度，两次长度之差即为这段时间内所产生的收敛值。测读时将收敛计的两个挂钩分别挂在两个测点上，拉紧钢尺选择合适尺孔并将尺孔销插入，此时数显窗内会显示一个读数，尺孔销所在长度与数显读数之和即为两点间长度。

2. 仪器使用方法。

（1）检查预埋设点有无损坏、松动，并将测点灰尘擦净。

（2）打开收敛计钢尺摇把，拉出尺头挂钩放入测点孔内，将收敛计拉至另一端点，并把尺架挂钩挂入测点孔内，选择合适的尺孔，将尺孔销插入，用尺卡架将尺与联尺架固定。

（3）调整调节螺母，仔细观察，使塑料窗口上的刻线对在张力窗口内标尺上的两条白线之间（每次应一致）。

（4）记下钢尺在联尺架端时的基线长度与数显读数。为提高量测精度，每条基线应重复测 3 次取平均值。当 3 次读数极差大于 0.5 mm 时，应重新测试。

（5）测试过程中，若数显读数已超过 25 mm，则应将钢尺收拢（换尺孔）25 mm 重新测试，两组平均值相减，即为两尺孔的实际间距，以消除钢尺冲孔距离不精确造成的测量误差。

（6）一条基线测完后，应及时逆时针转动调节螺母，摘下收敛计，打开尺卡收拢钢带尺，为下一次使用做好准备。

3. 收敛值计算。

基线两点间收敛值 S 按下式计算：

$$S = (D_0 + L_0) - (D_n + L_n)$$

式中：D_0——首次数显读数（mm）；

L_0——首次钢尺长度（mm）；

D_n——第 n 次数显读数（mm）；

L_n——第 n 次数显读数（mm）。

如第 n 次量测与首次量测的环境温度相差较大时，要进行温度修正，公式如下：

$$L_n' = L_n - \alpha(T_n - T_0)L_n$$

式中：L_n'——温度修正后钢带尺长度（mm）；

α——钢带尺线膨胀系数，取 $\alpha = 12 \times 10^{-5}\,°C$；

T_n——第 n 次观测时的环境温度（°C）；

T_0——首次观测时的环境温度（°C）。

钢尺温度修正后收敛值（S'）按下式计算：

$$S' = (D_0 + L_0) - (D_n - L_n')$$

基线缩短，S 或 S' 为正值，反之为负。

（二）无尺监测

无尺监测系统主要由全站仪、反射膜片及数据处理系统组成。其基本原理是先将反射膜片粘贴固定在监测点上并加以保护，用全站仪测得各监测点坐标，通过坐标反算求得测线长度，进而获得净空变化值。

根据设站方式的不同，无尺监测分为自由设站和固定设站两种。

（1）自由设站指将仪器架设于任意点设站，首先观测若干基准点的方向和距离，通过坐标反算求得测站上仪器中心点的坐标及正北方向，然后依此为基准，观测各监测点坐标的方法。

（2）固定设站指将仪器在固定点设站，假设固定点为坐标原点，测量监测点相对于坐标原点的方位角、平距及高差，求得各监测点的相对坐标，从而计算测线长度的方法。

三、监测断面及测点、测线布置

净空变化和拱顶下沉监测点应布置在同一断面上。必测项目监测断面间距按下表的要求布置。拱顶下沉测点原则上设置在拱顶轴线附近。当隧道跨度较大时，应结合施工方法在拱部增设测点。

必测项目监测断面间距表（m）

围岩级别	断面间距	围岩级别	断面间距
Ⅴ～Ⅵ	5～10	Ⅲ	30～50
Ⅳ	10～30		

采用收敛计量测时，测点采用焊接或钻孔预埋。采用全站仪测量时，测点应采用膜片式回复反射器作为测点靶标，靶标黏附在预埋件上。

净空变化监测测线可参照下表及下图进行布置。

净空变化监测测线布置表

开挖方法	地 段	
	一般地段	特殊地段
全断面法	一条水平测线	—
台阶法	每台阶一条水平测线	每台阶一条水平测线，两条斜测线
分部开挖法	每分部一条水平测线	CD 或 CRD 法上部、双侧壁导坑法左右侧部，每分部一条水平测线、两条斜测线，其余分部一条水平测线

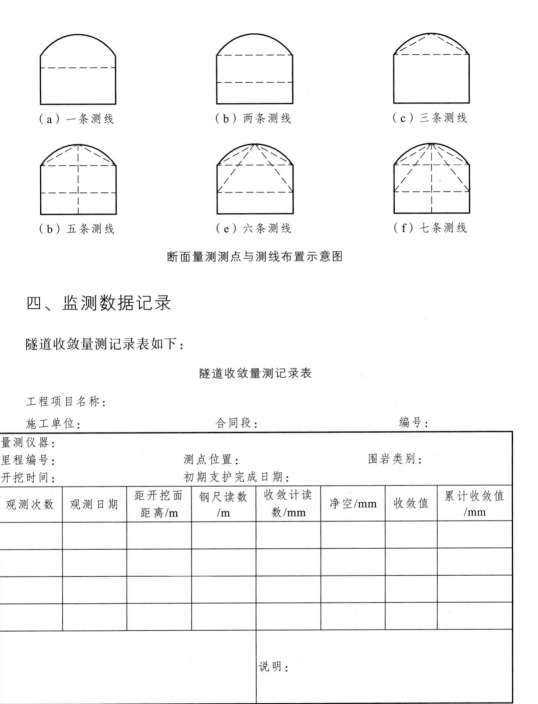

（a）一条测线　　　（b）两条测线　　　（c）三条测线

（b）五条测线　　　（e）六条测线　　　（f）七条测线

断面量测测点与测线布置示意图

四、监测数据记录

隧道收敛量测记录表如下：

隧道收敛量测记录表

工程项目名称：

施工单位：　　　　　　　　合同段：　　　　　　　　编号：

观测次数	观测日期	距开挖面距离/m	钢尺读数/m	收敛计读数/mm	净空/mm	收敛值	累计收敛值/mm

量测仪器：
里程编号：　　　　　　测点位置：　　　　　　围岩类别：
开挖时间：　　　　　　初期支护完成日期：

说明：

量测：　　　　　　　　记录：　　　　　　　　复核：

实训五　地表沉降监测

一、监测目的

（1）监测地表沉降的范围以及下沉量的大小。

（2）监测地表沉降量随工作面推进的变化规律。

（3）监测地表沉降稳定的时间。

二、监测仪器

地表沉降监测可采用精密水准仪与因钢尺，采用常规水准测量手段出现困难时，可采用全站仪量测。

三、测点布置

对于浅埋隧道，地表沉降及其发展趋势是判断隧道围岩稳定性的一个重要指标。浅埋隧道地表沉降量测的重要性，随隧道埋深变浅而增大，如下表所示。

地表沉降量测的重要性表

埋深	重要性	测量与否
$3B<H$	小	不必要
$2B<H<3B$	一般	最好量测
$B<H<2B$	重要	必须量测
$H<B$	非常重要	必须列为主要量测项目

注：B 为隧道开挖宽度，H 为隧道埋深。

地表沉降观测点应在隧道开挖前布设，与隧道内测点布置在同一断面里程上。一般条件下，地表沉降观测点纵向间距应按下表的要求布置。

地表沉降测点纵向间距表

隧道埋深与开挖宽度	纵向测点间距	隧道埋深与开挖宽度	纵向测点间距
$2B<H_0<2.5B$	$20\sim50$	$H_0\leqslant B$	$5\sim10$
$B<H_0\leqslant2B$	$10\sim20$	—	—

地表沉降测点横向间距为 2 ~ 5 m，在隧道中线附近测点应适当加密，隧道中线两侧量测范围不应小于（$H_0 + B$）。地表有控制性建（构）筑物时，量测范围应适当加宽。其测点布置如下图所示。

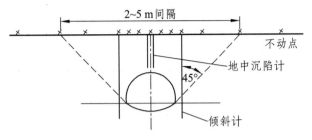

地表沉降量测测点布置示意图

四、监测方法

地表沉降量测方法和拱顶沉降量测方法类似，即通过测点不同时刻高程 h，求出两次量测的误差 Δh，即为该点的下沉值。需要注意的是，参考点（基准点）必须设置在工程施工影响范围以外，以确保参考点（基准点）不下沉，并在工程开挖前对每一个测点读取初始值。一般在距离开挖面前方（$H+h$）处（H 为隧道埋深，h 为隧道开挖的高度）就应对相应测点进行超前监测，然后随着工程的进展按一定的频率进行监测。在读数时各项限差宜严格控制，每个测点读数误差不宜超过 0.3 mm，对不在水准路线上的观测点，一个测站不宜超过 3 个，超过时应重读后视点读数，以作核对。首次观测时，对测点进行连续 3 次观测，3 次高程之差应符合相关规定，并取平均值作为初始值。

当所测地层表面立尺比较困难时，可以在预埋的测点表面粘贴膜片式反射器作为测点靶标，然后用全站仪进行非接触量测。

五、监测频率

地表沉降量测的频率应和拱顶沉降及水平相对净空变化的量测频率相同。

六、监测控制基准

地表沉降控制基准应根据地层稳定性、周围建（构）筑物的安全要求分别确定，取最小值。

七、监测数据记录

监测数据记录表如下：

监测数据记录表

工程项目名称：

施工单位：   合同段：   编号：

观测次数	观测日期	实测高程/m	下沉量/mm	累计下沉量/mm

八、测量结果

1. 绘制每一横断面沉降槽随时间的变化关系图。
2. 绘制每一横断面最大沉降量随时间的变化关系图。
3. 绘制每一横断面最大沉降量与开挖面距离的关系图。
4. 对横断面沉降槽垂直位移进行回归分析。
5. 对纵断面沉降槽垂直位移进行回归分析。

九、结论及工程建议

1. 在整理资料时，若发现地表位移量过大或下沉速度无稳定趋势时，对下部结构应采取补强措施。

（1）增加喷射混凝土厚度，或加长锚杆密度，或加挂更密更粗的钢筋网。

（2）提前施作二次衬砌，要求通过反分析校核二次衬砌强度。

（3）提前施作仰拱。

2. 在整理资料时，若发现地表下沉速度具有稳定趋势时，应据此求出隧道结构初期支护及二次衬砌上的最终荷载，以便对结构的安全度作出正确的判断。

实训六 混凝土应力监测

一、监测目的

1. 了解混凝土层的变形特性以及混凝土的应力状态。
2. 掌握喷层所受应力的大小，判断喷射混凝土层的稳定状态。
3. 判断支护结构长期使用的可靠性以及安全程度。
4. 检验二次衬砌设计的合理性以及积累资料。

二、量测仪器与方法

混凝土应力量测时将量测元件（装置）直接安装于喷层或二次衬砌中，在围岩逐渐变形过程中由不受力状态逐渐过渡到受力状态。为了使量测数据能直接反映混凝土层的变形状态和受力的大小，要求量测元件材质的弹性模量应与混凝土层的弹性模量相近，从而不致引起混凝土层应力的异常分布，以免量测出的应力（应变）失真，影响评价效果。

目前，用于量测混凝土应力的方法主要有应力（应变）计量测法、应变砖量测法。

（一）应力（应变）计量测法

混凝土应变计是量测混凝土应力的常用仪器，量测时将应变计埋入混凝土层内，通过钢弦频率测定仪测出应变计受力后的振动频率，然后从事先标定出的频率-应变曲线上求出作用在混凝土层上的应变，然后再转求应力，如下图所示为钢弦式混凝土应变计。

所示为钢弦式混凝土应变计

（二）应变砖量测法

应变砖量测法，也称电阻量测法。所谓应变砖，实质上是由电阻应变片外加银箔防护做成的银箔应变计，再用混凝土材料制成（50～120）mm×40 mm×25 mm 的矩形立方块，外壳形如砖，因此称为应变砖。

量测时将应变砖直接买入喷层内，喷层在围岩应力的作用下，由不受力状态逐渐过渡到受力状态，应变砖也随着产生应力。由于应变砖和喷层基本上是同类材料，埋入喷层的应变砖不会引起应力的异常变化，所以应变砖可直接反映喷层的变形与受力的大小，这就是应变砖量测比其他量测法较优之处。

三、测试断面的布置

喷层应力量测，除应与锚杆受力量测孔相对应布设外，还要在有代表性部位设测点，如拱顶、拱腰、拱脚、墙腰、墙脚等部位，并应考虑与锚杆应力量测作对应布置（见下图）。另外，在有偏压、底鼓等特殊情况下，则应视具体情形，调整测点位置和数量，以便了解喷层（衬砌）在整个断面上的受力状态和支护作用。

 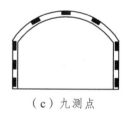

（a）三测点　　　　　　（b）六测点　　　　　　（c）九测点

混凝土应力量测测点布置图

四、测量结果

1. 喷射混凝土应力观测点布置图。
2. 喷射混凝土应力观测记录及报表。
3. 喷射混凝土应力-时间历时关系曲线。

五、结论及工程建议

喷射混凝土层所受压力均为压应力，且喷射混凝土层应力前期增长较快，7d 就接近峰值，随后混凝土应力开始缓慢增长，到 15d 后基本趋于稳定。这说明喷射混凝土对围岩有较好的加固作用，提高了围岩自身的稳定性。

实训七　围岩压力及两层支护间压力量测

一、监控量测目的

（1）判断复合式衬砌中围岩荷载大小。

（2）判断初期支护与二次衬砌分担围岩压力情况。

（3）评价支护结构的受力状况及合理性。

二、量测仪器与方法

在围岩与初期支护或者衬砌间埋设压力传感器，通过读取传感器的相关仪表读数（如钢弦频率、L-C振荡电路的输出信号频率、油压力等）进行间接量测，根据仪器厂家提供的读数-量测参数率曲线，换算出相应的压力参考量值。

（一）常用量测仪器

压力盒。

（二）量测方法

压力传感器（压力盒）埋设后，将电缆逐一编号接出，安放在带锁铁箱内，压力传感器将垂直的力转换为量测信号，用相应的量测设备获取信号并存储数据，每测点量测3组数据，做好现场记录。现场记录包括测量时间、设计编号、传感器编号、温度值、传感器的频率值等。

二、压力盒的布置与埋设

1. 测点的选择。

测点布置在围岩周边位移量测的同一断面上，沿隧道周边拱顶、拱腰和边墙埋设压力传感器，将双膜钢弦式压力盒分别埋设在围岩与喷射混凝土之间、喷射混凝土与二次衬砌之间。

围岩与喷混凝土之间的压力盒在喷混凝土施工以前埋设，喷射混凝土与二次衬砌之间的压力盒在挂防水板之前进行安装，以测取围岩对喷射混凝土的压力。

每个断面埋设5~10个测点。常见的压力盒布置方式如下图所示。

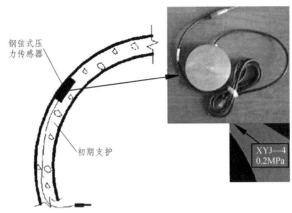

压力盒布置方式图

2. 量测断面的布置。

隧道内断面位置的设置与周边位移量测相同，5 个测点，量测断面的测点布置位置与喷射混凝土轴向应力测点布置位置相同。

3. 量测频率（见下表）。

量测频率表

项目名称		方法及工具	布置	量测时间间隔			
				1～15 d	16 d～1 个月	1～3 个月	3 个月以后
选测项目	支护衬砌内应力、表面应力计裂隙量测			1 次/d	1 次/2 d	1～2 次/周	1～3 次/月

三、量测结果

1. 绘制围岩压力（应力）-时间（t）关系曲线。

2. 绘制围岩压力（应力）-距开挖面距离（l）关系曲线。

四、结论及工程建议

1. 围岩压力大，变形量大。

加强支护，以限制围岩变形和控制围岩压力的增长。

2. 围岩压力大，变形不大。

表明支护时机和支护的封底时间可能过早或支护尺寸及刚度大，这时应做适当调整——修正支护设计参数。

3. 围岩压力很小，变形很大。

说明围岩将会失稳破坏，应立即停止开挖，加强围岩支护和采取辅助施工措施进行加固处理。

实训八　围岩内部位移监测

一、监控量测目的

1. 确定围岩位移随深度变化的关系。
2. 找出围岩的移动范围，深入研究支护与围岩相互作用关系。
3. 判断开挖后围岩的松动区、强度下降区以及弹性区的范围。
4. 判断锚杆长度是否适宜，以便确定合理的锚杆长度。

二、仪器的选择

VWM 型振弦式多点位移计，主要由位移传感器及护管、不锈钢测杆及 PVC 护管、安装基座、护管连接座、锚头、护罩、信号传输电缆等组成，见下图。

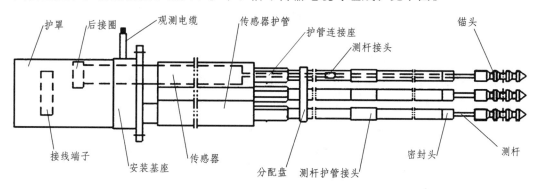

VWM 型振弦式多点位移计组成示意图

三、工作原理

1. 当被测结构物发生位移变形时将会通过多点位移计的锚头带动测杆，测杆再拉动位移计的拉杆产生位移变形。

2. 位移计拉杆的位移变形传递给振弦变成振弦应力的变化，从而改变振弦的振动频率。

3. 电磁线圈激振振弦并测量其振动频率，频率信号经电缆传输至读数装置，即可测出被测结构物的变形量。

四、测点布置

沿隧道围岩周边分别在拱顶、拱腰和边墙共打 5 个深孔，孔深 3.7～5 m、孔径 $\phi50$ mm，采用 4 点杆式多点位移计量测，一个断面共 20 个测点，见下图。

量测断面尽可能靠近掌子面，及时安装，测取读数。

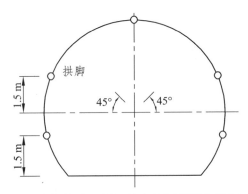

围岩内部位移和锚杆轴力量测断面布置图

五、VWM 型振弦式多点位移计安装与埋设

1. 位移传感器和基座。

多点位移计出厂时传感器以及护管和护管连接座均已安装就位在基座上，观测电缆也已接好，安装埋设时只需连接测杆、护管、锚头等附件即可使用。

2. 测杆、护管、锚头等附件。

（1）安装前应首先核对设计测量点数及各点深度，根据各测点的测量深度配备不锈钢测杆（$\phi6$）和 PVC 护管（$\phi16$）的长度。

（2）测杆分为 0.5 m、1 m、1.5 m 三种长度，一般以 1.5 m 的测杆为主，0.5 m 和 1 m 的测杆用于调配测杆总长度；护管为 1.5 m 标准长度，客户安装时可自由裁成需要的长度。

（3）多点位移计组装时首先分别将各点第一节测杆和传感器拉杆连接，当各点第二节测杆与第一节测杆连接完成后，穿入各点第一节护管，护管的一头插入护管连接座，另一头与下一节护管连接，其后套入分配盘。依次连接各点的测杆和护管到各自规定长度为止（测杆比护管长一点）。测杆和测杆连接用测杆接头连接旋紧，护管和护管连接用护管接头带 PVC 胶连接牢固。

（4）当各点测杆和护管接长到规定的长度后，分别安装护管密封头和锚头。护管密封头穿过测杆，外圆处涂 PVC 胶插入护管尾部固定，锚头直接旋在测杆尾部即可使用。

3. 分配盘和自锁扎带。

（1）分配盘固定在距安装基座 0.5 m 左右处，其作用是在孔口将测杆和护管分配在规定的位置上，以便传感器和安装基座的就位以及测杆的灵活移动。

（2）自锁扎带的作用是使组装好的护管和测杆能集中，接长后不扭曲或交错在一起。同时也有利于多点位移计在入孔就位时测杆不会散开，减少与孔壁间的摩擦便于安装就位。安装时应每隔约 2 m 左右距离，将测杆护管（包括排气管）等排列整齐，用自锁扎带捆绑在一起。

4. 观测电缆。

（1）多点位移计在出厂时已配备了一定长度的观测电缆，电缆长度通常根据客户的要求配备。观测电缆与传感器电缆的连接采用接线端子连接的方法，出厂时已连接好。在工地现场如需要检查线路或更换传感器只要打开护罩就可操作。

（2）多点位移计安装完成后，请用读数仪读取各只传感器的读数，调整传感器的初始值（也就是确定传感器的拉压范围），确认无安装错误或没有需要调整的部件后再封口灌浆。

5. 多点位移计安装适用孔径。

多点位移计测量点数的多少决定了埋设所需钻孔孔径的大小，多点位移计基座地面安装埋设适用孔径和深度如下表。多点位移计基座地下安装埋设请自定孔径和深度。

多点位移计基座地面安装埋设适用孔径表

测点数	测杆埋设孔径/mm	传感器护管埋设孔径/mm	传感器护管埋设孔径深度/mm
2 点	ϕ90	ϕ110	≥380
3 点	ϕ90	ϕ110	≥380
4 点	ϕ90	ϕ110	≥380
5 点	ϕ110	ϕ125	≥380
6 点	ϕ110	ϕ140	≥380
8 点	ϕ125	ϕ150	≥380

6. 多点位移计的埋设。

多点位移计的埋设分为正向埋设和反向埋设。多点位移计出厂时传感器固定在基座上是以正向埋设方式配备的，此时传感器暴露在基座上边的部分（X）处在最高位，传感器拉杆量程（Y）处于最大量程位置。

7. 通气管和灌浆管。

多点位移计正向埋设（向下）：排气管从多点位移计安装基座旁边引出，排气管伸进孔内 1~2 m 即可。灌浆管也是在多点位移计安装基座的旁边伸进钻孔内的，一般直通孔底，深度达到测杆锚头的下部。

多点位移计反向埋设（向上）：排气管应与测杆一起安装，其长度应比最长的测杆锚头长出 20 cm 以上，以保证注浆时空气能完全排出。灌浆管在多点位移计安装基座旁边伸进孔内，其深度伸进孔内 1～2 m 即可。

排气管以采用小口径无接头能承受一定压力的长塑料硬管为宜。

8. 灌浆。

多点位移计安装就位后应尽快灌浆，以防孔中有破碎岩石掉块或泥沙固结从而影响灌浆的顺利进行。灌浆过程中排气管内会不断有空气排出，当排气管中开始回浆时表明灌浆已满。此时，可拆除灌浆设备，堵住灌浆管和排气管。

由于多点位移计安装有正向埋设和反向埋设之分，因此灌浆也分为孔口灌浆和孔底灌浆两种方式。

9. 测量方法。

测量方法及频率见下表：

测量方法及频率

项目名称		方法及工具	布置	量测时间间隔			
				1～15 天	16 天～1 个月	1～3 个月	3 个月以后
选测项目	围岩内部位移（洞内设点）	多点位移计	每 30～100 m 一个断面，每断面 2～11 对测点	1～2 次/天	1 次/2 天	1～2 次/周	1～3 次/月

10. 测量结果。

（1）绘制孔内各测点位移-时间关系曲线。

（2）绘制不同时间位移-测点深度位置关系曲线。

六、结论及工程建议

根据围岩内变位曲线判断围岩内强度下降区和松动区的限界，绘制围岩内变位曲线，对围岩的稳定性进行判断。

实训九　锚杆拉拔力监控量测

一、监控量测的目的

锚杆拉拔力是指锚杆能承受的最大拉力，是锚杆材料、加工和施工安装质量优劣的综合反映。

锚杆拉拔力的大小直接影响着锚杆的作用效果，如果抗拔力不足，会使锚杆起不到锚固围岩的作用，所以锚杆拉拔力的量测是检验锚杆质量的一项基本内容，是新奥法监控量测项目的必测项目。

1. 测定锚杆的锚固力是否符合设计要求。

2. 判断所使用的锚杆长度是否适宜。

3. 检查锚杆安装质量。

二、监控量测的试验工具和设备

锚杆拉力计（量程 > 200 kN、分辨率 ≤ 1.0 kN）。

三、测点布置

锚杆安设后每安装 300 根至少随机抽样 3 根作为一组进行拉拔力试验；围岩变更或材料变更时另做一组进行试验。

四、测量方法

操作程序：

1. 把锚杆测力计接头拧到锚杆末端，再套上拉力缸，使活塞端向外，然后拧紧螺母。

2. 上下摇动手压泵手柄，用力要均匀，不要用力过猛；当压力表上的读数达到所要求的数据后，停止摇动手柄。

3. 手压泵必须摆在水平位置工作，检测完毕后卸压并收好仪器。

拉拔试验示意如下图所示。拉拔试验数据表和压力拉力换算表如下二表所示。

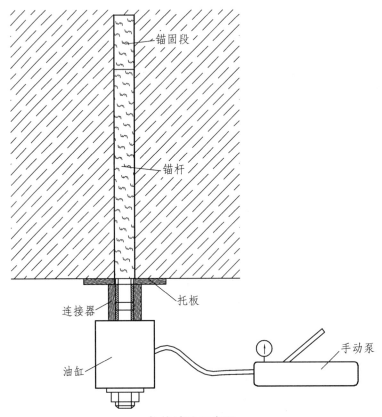

拉拔试验示意图

拉拔试验数据一览表

锚杆序号	时间	锚杆长度/mm	锚杆直径/mm	孔径/mm	锚固长度/mm	拉拔力/kN	备注
试验人:				记录人:			

压力-拉力换算表

压力表/MPa	1	2	3	4	5	6	7	8	9	10
拉力/kN	3.8	7.6	11.4	15.2	19	22.8	26.6	30.4	34.2	38
压力表/MPa	11	12	13	14	15	16	17	18	19	20
拉力/kN	41.8	45.6	49.4	53.2	57	60.8	64.4	68.4	72.2	76
压力表/MPa	21	22	23	24	25	26	27	28	29	30

拉力/kN	79.8	83.6	87.4	91.2	95	98.8	102.6	106.4	110.2	114
压力表/MPa	31	32	33	34	35	36	37	38	39	40
拉力/kN	117.8	121.6	125.4	129.2	133	136.8	140.6	144.4	148.2	152
压力表/MPa	41	42	46	44	45	46	47	48	49	50
拉力/kN	155.8	159.6	163.4	167.2	171	174.8	178.6	182.4	186.2	190
压力表/MPa	51	52	53	54	55	56	57	58	59	60
拉力/kN	193.8	197.6	201.4	205.2	209	212.8	216.6	220.4	224.2	228
压力表/MPa	61	62	63	64	65	66	67	68	69	70
拉力/kN	231.8	235.6	239.4	243.2	247	250.8	254.6	258.4	262.2	266
压力表/MPa	71	72	73	74	75	76	77	78	79	80
拉力/kN	269.8	273.6	277.4	281.2	285	288.8	292.6	296.4	300.2	304

五、测量结果

锚杆拉拔力合格条件为：

$$P_{An} \geqslant P_A, \quad P_{Amin} \geqslant 0.9 P_A$$

锚杆的锚固质量、测量时的加载方法、每级荷载增长值的大小、加载速度的快慢等都直接影响量测结果的准确性，因此量测作业必须符合试验结束要求。

实训十　隧道超欠挖监测

一、监测目的

隧道超欠挖监测是为了有效控制施工中隧道开挖超挖量大、成型的不利局面，提高隧道开挖成型质量，降低施工成本。

二、控制标准

1. 隧道开挖断面的中线和高程必须符合设计要求。

2. 隧道开挖断面净空必须符合设计要求。隧道开挖应严格控制超欠挖，石质坚硬岩石个别突出部分（每 1 m² 不大于 0.5 m²）侵入衬砌应小于 5 cm；拱脚和墙脚以上 1 m 内断面严禁欠挖。

3. 光面爆破的炮眼痕迹保存率，硬岩不应小于 80%，中硬岩不应小于 60%，并在开挖轮廓面上均匀分布。

4. 隧底开挖轮廓和底部高程应符合设计要求，石质坚硬岩石个别突出部分（每 1 m² 不大于 0.5 m²）侵入衬砌应小于 5 cm。

三、超欠挖检查及处理

1. 洞身开挖断面检查：

隧道每循环开挖后，由测量人员对上一循环开挖进行断面测量，经软件分析自动形成实际开挖断面，同时和设计轮廓进行对比，能较清楚地反映出实际的超欠挖情况。测量结果出来后，测量人员及时将测量断面传送给项目工程部长、各洞口技术人员，及时指导现场施工。

二次衬砌施工时，土工布铺设前，间隔 3 m 对初期支护后断面进行一次测量，形成断面资料，反映初期支护后断面超前挖情况。

2. 仰拱断面检查：

仰拱开挖清底后，由现场技术员根据测量人员在边墙上标定的内轨顶面标高进行仰拱深度测量，由中心线每间隔 1.5 m 测量一个断面，欠挖处及时用红油漆标注，见下图。

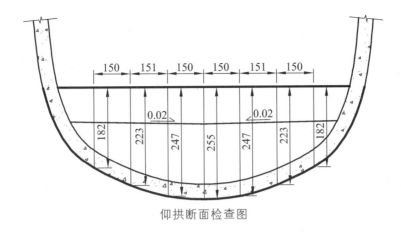

仰拱断面检查图

3. 超欠挖处理：

（1）经过测量断面后，对欠挖处进行红油漆标注，见下图。欠挖较小处采用风镐或电钻进行处理；欠挖较大处采用风枪钻眼爆破处理；对于土工布铺设前发现欠挖处，为防止爆破损坏防水板，采用膨胀剂处理。

超欠挖断面测量

（2）经现场测量，基面平整度超标的，即两突出物之间的深长比 $D/L \leqslant 1/10$（D—初期支护基层相邻两凸面凹进去的深度；L—初期支护基层相邻两凸面之间的距离）的，需补喷混凝土处理。一般地段采用喷混凝土直接处理，超标严重地段需进行挂网补喷混凝土，见下图。

混凝土补喷

三、超欠挖影响因素

1. 钻孔精度影响分析。

钻孔的偏差是产生超欠挖的主要原因。钻孔的偏差一般由以下三部分组成：

（1）开眼偏差，开眼中心与设计孔位中心之间的偏差。

（2）方向偏差，开眼方向与隧道设计轴向轮廓线之间的偏差。

（3）岩石内的附加偏差，即由于岩层产状或岩石节理原因造成钻孔后的偏差加大量。

以上三种偏差中，开眼偏差多半是引起欠挖的主要因素，方向偏差多半是引起超挖的主要因素。在方向偏差中，包含有因使用凿岩机而产生的不可避免的偏差，这种偏差随钻孔深度的增加而增加。

2. 爆破技术影响分析。

爆破产生的超欠挖主要是爆破设计参数选择不合理所致，其中包括：

（1）掏槽方式不合理，会直接影响掏槽爆破效果，由于没有足够的临空面，影响其他孔的爆破效果。

（2）周边眼间距不合理，孔眼间距过大容易造成欠挖。

（3）周边的装药结构和药量控制不当，如果单孔药量过大的话，容易造成超挖。

3. 测量放线影响分析。

控制超欠挖主要是开挖轮廓线（或周边孔线）的精度要控制好。由于测量错误引起的超欠挖在隧道施工中是致命的，必须规避此类风险度。因此，应首先保证测量放样隧道中线和标高的准确，并通过正确的方法来保证轮廓线位置的准确，减少对超欠挖的影响。通过选取技术过硬、责任心较强的测量人员和较先进的测量仪器减少放样误差。

4. 地质条件影响分析。

地质条件是客观条件，是确定爆破参数的基本依据。地质条件是随着开挖而不断变化的，其中主要是围岩节理裂隙的变化。对于可以采用全断面开挖的地质情况，虽然围岩开挖后能够自稳，但节理裂隙和岩层走向会产生局部塌落或顺层溜帮，从而造成超挖。此超挖量会随着支护时间的推迟而增加，因此及时封闭的施工原则就显得非常重要，及时初喷、施作锚杆和布设钢筋网片，可以充分利用围岩自承能力，减少此类超挖。

5. 现场管理。

在控制超欠挖中，建立一个比较完善的、统一的质量保证体系，对作业全过程及相关因素实行严格科学的管理非常重要。爆破作业现场管理主要指人员安排、作业组织、技术交底与指导、质量检测、信息反馈、经验总结及相应的规章和技术标准的制定等。管理的目的就是要把众多的因素置于可控的状态，达到爆破设计的基本要求。

四、超欠挖对隧道的影响

超欠挖会给隧道施工的综合效益带来很大的影响，包括经济、施工进度、喷混凝土、排水壁面美观、安全等方面。尤其是隧道的经济效益和隧道结构的可靠性最为明显。

（1）隧道的经济性。

爆破造成的超挖会增加爆破费用、增加出渣量、延长出渣作业时间。超挖回填混凝土，会增加额外的工程量。衬砌施工中，欠挖的处理会造成误工、窝工。

（2）隧道结构的影响。

超欠挖隧使道局部应力集中，围岩的塑区显著增大，洞身围岩变形较大；欠挖超过允许限度再次超挖会导致围岩扰动次数增加。

五、超欠挖的控制措施

1. 对爆破参数的调整。

围岩地质条件是客观存在的，是确定爆破参数的主要依据之一。在隧道施工中，围岩地质条件是不断变化的，时常有软弱夹层等不良地质情况出现。目前，爆破设计主要采用经验类比法，并结合现场试验。在开挖过程中，随着围岩节理裂隙的变化，钻孔位置和角度、周边孔的参数等也作相应调整。

鉴于在掘进过程中围岩情况是不断变化的，在每茬炮后应由主管工程师分析工作面围岩的变化。每茬炮后应认真分析这一茬炮的爆破效果，并结合围岩的变化情况，对一茬炮的爆破设计作出相应参数进行调整。

（1）爆破后发现较大超挖，无孔痕并在炮孔周围可见爆破裂隙，说明药量偏高，需要调整药量。

（2）爆破后光爆出现凹面，说明抵抗线太小，应适当加大光爆层厚度；反之出现凸面，说明光爆层过厚，适当减少。

2. 提高钻孔精度。

在光面爆破中，钻孔应严格按照爆破方案进行，但受人为或机械设备影响，或多或少会形成一定的偏差。根据工程实践，采取以下方法减少超欠挖：

（1）必须对司钻人员进行培训，使其按照操作细则和设计要求进行钻孔，保证规定的孔位、孔深和倾斜角，并由技术熟练的操作工进行周边眼和掏槽眼作业，在先钻的孔内插入导向管，以此作为基准钻其他炮孔。

（2）钻周边孔时，通过钻孔位置少量内移来减少外插角。依据测量放线人员的掌子面的轮廓线，将钻孔孔位定位在轮廓线内侧 1~3 cm，从而减少外插角带来的不利影响。

3. 提高测量放线的精度。

控制超欠挖主要是控制好开挖轮廓线的精度，在进行测量放样前应首先熟悉设计文件，掌握设计开挖断面各部位的尺寸，同时考虑预留沉落量和变形量。测量人员由熟练、技术过硬的人员担任，测量数据换手复核。测量仪器选用较先进仪器操作，定期到技术鉴定部门进行仪器标定。

4. 采用合理爆破技术。

爆破技术主要指爆破方法、爆破参数、爆破器材和装药方法等，采取不同的爆破方法、爆破参数、爆破器材和装药方法均对爆破超欠挖产生不同程度的影响。光面爆破通过工程类比和现场试验，优化爆破参数设计；严格控制重要爆破作业质量，特别是要控制装药量，并保证正确的起爆顺序。

5. 加强施工管理和组织。

良好的施工管理和组织，对减少超欠挖有着十分重要的现实意义。隧道超欠挖问题不仅是技术问题，还是施工管理问题，只有建立一套严格的施工管理制度，才能保证技术的顺利实施。管理的目的就是要把众多的因素置于可控状态，达到爆破设计的基本要求。

实训十一　隧道衬砌检测

一、检测目的

检测衬砌结构的厚度、衬砌密实性、衬砌内部钢筋分布是否满足设计要求及衬砌背后缺陷分布情况。

二、检测内容

1. 探地雷达检测二次衬砌厚度和衬砌背后空洞。
2. 探地雷达检测二次衬砌内部钢筋及钢架分布。

三、隧道衬砌设计资料

隧道衬砌类型统计表如下：

隧道衬砌类型统计表

序号	里程区间	围岩级别	衬砌厚度	衬砌强度	仰拱厚度	仰拱＋仰拱填充厚度	钢架间距	钢筋间距	备注
1									
2									
3									
4									
5									

四、检测仪器设备基本原理

（一）地质雷达系统简介

探地雷达是一种宽带高频电磁波信号探测方法，它是利用电磁波信号在物体内部传播时电磁波的运动特点进行探测的。雷达组成和原理及其探测方法如下：

地质雷达系统主要由以下几部分组成，见下图。

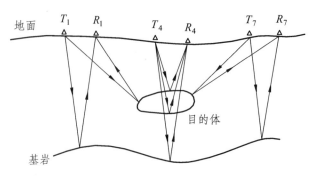

地质雷达工作原理示意图

1. 控制单元：控制单元是整个雷达系统的管理器，计算机对如何测量给出详细的指令。系统由控制单元控制着发射机和接收机，同时跟踪当前的位置和时间。

2. 发射机：发射机根据控制单元的指令，产生相应频率的电信号并由发射天线将一定频率的电信号转换为电磁波信号向地下发射，其中电磁信号主要能量集中于被研究的介质方向传播。

3. 接收机：接收机把接收天线接收到的电磁波信号转换成电信号并以数字信息方式进行存贮。

4. 电源、光缆、通信电缆、触发盒、测量轮等辅助元件。

（二）基本原理

探地雷达（Ground Penetrating Radar，简称 GPR）依据电磁波脉冲在地下传播的原理进行工作。发射天线将高频（$10^6 \sim 10^9$ Hz 或更高）的电磁波以宽带短脉冲形式送入地下，被地下介质（或埋藏物）反射，然后由接收天线接收。

根据电磁波理论，雷达脉冲在地下传播过程中，当遇到不同电性介质交界面时，会由于上下介质的电磁特性不同而产生折射和反射。

使用相应雷达资料处理软件，进行资料处理。对数据文件使用预处理、增益调整、滤波等方法进行处理、成图。最终得到成果图，以此对隧道内部混凝土质量进行分析评价。

五、测线布置

根据实际情况，检测在隧道拱顶、左右拱腰、左右边墙布设 6 条雷达纵向测线，同时采用 500 MHz 天线进行检测。

六、隧道衬砌质量无损检测缺陷判定特征

1. 衬砌背后回填密实度的主要判定特征：

（1）密实：信号幅度较弱，甚至没有界面反射信号。

（2）不密实：衬砌界面的强反射信号同相轴呈绕射弧形，且不连续，较分散。

（3）空洞：衬砌界面反射信号强，三振相明显，在其下部仍有强反射界面信号，两组信号时程差较大。

2. 衬砌内部钢架、钢筋位置分布主要判定特征：

（1）钢架：分散的月牙形强反射信号。

（2）钢筋：连续的小双曲线形强反射信号。

七、检测结果

隧道二次衬砌及衬砌背后缺陷检测结果，见下三表。

隧道衬砌厚度检测结果统计表

序号	里程范围	拱顶/cm		右边墙/cm		右拱腰/cm		左边墙/cm		左拱腰/cm		仰拱部分/cm	
		设计	实测	设计	实测	设计	实测	设计	实测	设计	实测	设计	实测
1													
2													
3													
4													
备注	1. 2. 3.												

衬砌钢筋缺陷检测结果统计表

序号	里程范围	测线布置	缺陷				备注
			钢筋方向	缺陷长度/m	数量/根	平均值/cm	设计钢筋间距/cm
1		拱顶					
2		左拱腰					
3		右拱腰					
4		左边墙					
5		右边墙					

衬砌质量检测缺陷结果统计表

序号	位置	缺陷里程范围	缺陷情况简述	缺陷深度/cm	缺陷厚度/cm	备注
1	拱顶					
2	左拱腰					
3	右拱腰					
4	左边墙					
5	右边墙					

实训十二 混凝土碳化深度检查

一、检测目的

隧道结构长期处于大气环境中，空气中的 CO_2 慢慢渗透到混凝土中，与混凝土孔隙中的碱性 $Ca(OH)_2$ 饱和溶液反应生成 $CaCO_3$，即发生所谓的碳化。碳化将降低混凝土的碱度，破坏钢筋表面的钝化膜，使混凝土失去对钢筋的保护作用，在氧和有害介质的作用下，将引起钢筋的锈蚀。

混凝土的碳化深度采用化学指示剂喷在混凝土的新鲜破损面，根据指示剂的颜色变化来测量。

二、检测内容

每个断面两个测区，每个测区布置 3 个成品字形的测孔。

三、现场检测

检测设备见下表。

检测设备表

设备	型号	技术参数	设备编号	检定日期	检定编号
钻心机	HZ-15 取芯机	混凝土及小直径钢筋混凝土			
钻头					
化学剂和工具	酚酞试剂、皮老虎、毛刷及碳化深度尺等				

四、检测结果

指示剂采用 75% 的酒精溶液与白色酚酞粉末配置成酚酞浓度为 1%～2% 的酚酞溶剂，装在喷雾器内。用装有 20 mm 直径钻头的冲击钻在测点位置钻孔，清除孔内的粉末后，将酚酞试剂喷在混凝土新茬的侧壁上，试剂从无色变为紫红色时说明混凝土未碳化，试剂未改变颜色处则表明混凝土已经碳化。

五、检测结果

根据对各个测孔的测量，可以确定各构件碳化深度如下表。

碳化深度记录表

构件	碳化深度/mm	描述

六、混凝土碳化检测记录表

混凝土碳化检测记录见下表。

混凝土碳化检测记录

工程名称：

构件		测区号	碳化深度/mm，精度：0.5 mm		
名称	编号		测孔 1	测孔 2	测孔 3
构件		测区号	碳化深度/mm，精度：0.5 mm		
名称	编号		测孔 1	测孔 2	测孔 3

检查人：　　　　　记录人：　　　　　检查时间：

注：在回弹测区中至少选 3 个能反映不同条件及不同混凝土质量的测区，测区应均匀布置；每个测区应布置三个测孔，呈"品"字排列，孔距应大于 2 倍孔径；测孔距构件边角的距离应大于 2.5 倍保护层厚度；成孔后务必将孔中碎屑清除干净，否则影响测试结果；酚酞试剂变紫色则表明混凝土未碳化，未改变颜色则表明混凝土已经碳化。

实训十三 钢筋位置及保护层厚度检查

一、检查目的

1. 为加强混凝土结构工程施工质量，统一混凝土内部钢筋位置和钢筋保护层厚度检测方法，提高各检测单位检测精度，采用混凝土内部钢筋保护层厚度检测依据标准为《混凝土结构工程施工质量验收规范》（GB 50204—2002）、结构实体钢筋保护层厚度检验以及《混凝土中钢筋检测技术规程》（JGJ/T 152—2008）。

2. 本方法适用于测定建筑工程混凝土结构内部钢筋位置和钢筋保护层厚度检测。

3. 混凝土结构内部钢筋保护层厚度检测，除满足本项目的规定外，尚应符合国家现行有关强制性标准的规定。

二、检测参数及名称

1. 钢筋保护层厚度：对于混凝土结构，为表面到受力主筋外侧的距离；对于光圆钢筋，为混凝土表面与钢筋表面间的最小距离。

2. 指示钢筋保护层厚度：检测时仪器显示的钢筋保护层厚度 c。

3. 钢筋的示值直径：检测时仪器指示的钢筋直径。

4. 钢筋位置的测试偏差：仪器所指示的钢筋轴线与钢筋实际轴线之间的最小距离。

三、钢筋保护层最小厚度规定

受拉钢筋的混凝土保护层最小厚度见下表。

受拉钢筋的混凝土保护层最小厚度表　　　　mm

环境类别		墙			梁			柱		
		≤C20	C25~C45	≥C50	≤C20	C25~C45	≥C50	≤C20	C25~C45	≥C50
一		20	15	15	30	25	25	30	30	30
二	a	—	20	20	—	30	30	—	30	30
	b	—	25	20	—	35	30	—	35	30
三		—	30	25	—	40	35	—	40	35

注：1. 该表格数据来源于建设规范图集；不同规范（防水混凝土、轻骨料混凝土等）有不同的要求。

2. 预制钢筋混凝土受弯构件，钢筋端头的保护层厚度一般为 10 mm。预制的肋形板，其主肋保护层厚度可按梁考虑。

3. 要求使用年限较长的重要建筑物和受沿海环境侵蚀的建筑物的承重结构，当处于露天或室内高湿度环境时，其保护层厚度应适当增加。

4. 有防火要求的建筑物，其保护层厚度尚应遵守防火规范有关规定。

5. 钢筋保护层最小厚度与构件种类、混凝土强度、环境条件、构件受力状态、使用寿命、防火等级等因素相关。

四、测试方法

1. 电磁感应法钢筋探测仪检测方法：

原理：由单个或多个线圈组成的探头产生电磁场，当钢筋或其他金属物体位于该电磁场中时，磁力线会变形。金属所产生的干扰导致电磁场强度的分布改变，被探头探测到，通过仪器显示出来。如果对所检测的钢筋尺寸和材料进行适当的标定，可以用于检测钢筋位置、直径及混凝土保护层厚度。

2. 雷达仪检测方法：

由雷达天线发射的电磁波，被与混凝土中电学性质不同的物质如钢筋等的界面反射回来，并再次由混凝土表面的天线接收，根据接收到的电磁波来检测反射体的情况。

3. 局部破损检测方法：

采用对钢筋位置无明显扰动的方法使混凝土结构局部破损并对钢筋保护层厚度和位置进行直接测量的方法。采用局部破损方法需要及时修补。

五、一般规定和仪器性能要求

1. 一般规定

（1）应根据所测钢筋的规格、深度以及间距选择适当的仪器，并按仪器说明书进行操作。

（2）采用电池供电的仪器，检测中应确保电源充足，检测结束后应对仪器及电池进行保养。对于既可采用电池供电，也可采用外接电源供电的仪器，应该在两种供电情况下分别对仪器进行校准。

（3）仪器在检测前应进行预热或调零，调零时探头必须远离金属物体。在检测过程中，应经常检查仪器是否偏离初始状态并及时进行调零。

（4）检测前宜具备下列资料：

① 工程名称及建设、设计、施工、监理单位名称。

② 结构或构件名称以及相应的钢筋设计图纸资料。

③ 混凝土是否采用带有铁磁性的原材料配制。

④ 检测部位钢筋品种、牌号、设计规格、设计保护层厚度、结构构件中是否有预留管道、金属预埋件等。

⑤ 必要的施工记录等相关资料。

⑥ 检测原因。

（5）根据钢筋设计资料，确定检测区域钢筋的可能分布状况，并选择适当的检测面。检测面宜为混凝土表面，应清洁、平整，并避开金属预埋件。

（6）对于具有装饰面层的构件，应清除装饰面层后在混凝土面上进行检测，检测面应平整、清洁。

（7）对于含有铁磁性原材料的混凝土应进行足够的实验室验证后方可进行检测。

（8）钢筋保护层厚度的检测，可采用非破损或局部破损的方法，也可采用非破损方法并用局部破损方法进行修正。

（9）非破损检测方法因对被检测结构无损伤，适用于大量结构构件、大面积检测。但其检测准确性受仪器精度、检测人员经验等影响较大。

（10）局部破损检测方法因对被检测结构有损伤，适用于少量结构测点的抽样检测。其检测准确性较高，可与非破损检测方法结合使用，对非破损方法检测结果进行修正。钻孔、剔凿时，不得损坏钢筋，实测应采用游标卡尺，量测的精度应为 0.1 mm。

（11）钢筋保护层厚度检验的结构部位和构件数量，应符合下列要求：

① 钢筋保护层厚度检验的结构部位，应由监理（建设）、施工等各方根据结构构件的重要性共同选定。

② 对梁类、板类构件，应各抽取构件数量的 2%且不少于 5 个构件进行检验；当有悬挑构件时，抽取的构件中是挑梁类、板类构件所占比例均不宜小于 50%。

（12）对选定的梁类构件，应对全部纵向受力钢筋的保护层厚度进行检验；对选定的板类构件，应抽取不少于 6 根纵向受力钢筋的保护层厚度进行检验。对每根钢筋，应在有代表性的部位测量 1 点。

2. 仪器性能要求。

（1）仪器应具有产品合格证，并在仪器的明显位置上具有唯一性标识，包括名称、型号、出厂编号等。

（2）仪器应定期进行校准，当混凝土保护层的厚度为 10～50 mm 时，混凝土保护层厚度检测的允许误差为 ±1 mm，钢筋间距检测的允许误差为 ±3 mm，正常情况下，仪器校准有效期一般为 1 年。

（3）发生下列情况之一时，应对仪器进行校准：

① 新仪器启用前。

② 超过校准有效期限。

③ 检测数据异常，无法进行调整。

④ 经过维修或更换主要零配件（如探头、天线等）。

3. 电磁感应法钢筋探测仪检测技术与方法

（1）检测前应根据检测结构构件所采用的混凝土，对电磁感应法钢筋探测仪进行校准，校准方法。应对钢筋探测仪进行预热和调零，调零时探头应远离金属物体。在检测过程中，应检测钢筋探测仪的零点状态。

（2）检测前宜结合设计资料了解钢筋布置情况。检测时应避开钢筋接头和绑丝，钢筋间距应满足钢筋检测仪的要求。

（3）进行钢筋位置检测时，探头有规律地在检测面上移动，直到仪器显示接收信号最强或保护层厚度值最小时，结合设计资料判断钢筋位置，此时探头中心线与钢筋轴线基本重合，在相应位置做好标记。按上述步骤将相邻的其他钢筋逐一标出。

（4）钢筋定位后可进行保护层厚度的检测：

① 设定好仪器量程范围及钢筋直径，沿被测钢筋轴线选择相邻钢筋影响较小的位置，并应避开钢筋接头，读取指示保护层厚度值 C_{ti}。每根钢筋的同一位置重复检测 2 次，分别读取 2 次测得的混凝土保护层的检测值。

② 对同一处读取的 2 个保护层厚度值相差大于 1 mm 时，该组检测数据应无效，并查明原因，在该处应重新进行检测。仍不满足要求，应更换钢筋探测仪或采用钻孔、剔凿的方法进行验证。

注：大多数仪器要求钢筋直径已知方能检测保护层厚度，此时仪器必须按照钢筋实际直径进行设置。

（5）当实际保护层厚度值小于仪器最小示值时，可以采用附加垫块的方法进行检测。自制垫块对仪器不应产生电磁干扰，表面光滑平整，其各方向厚度值偏差不大于 0.1 mm。所加垫块厚度 C_0 在计算时应予扣除。

（6）检测钢筋间距时，应将连续相邻的被测钢筋一一标出，不得遗漏。不少于 7 根钢筋（6 个间隔）时，也可以给出被测钢筋的最大间距、最小间距，并计算钢筋平均间距。

（7）遇到下列情况之一时，应选取至少 30% 的钢筋且不少于 6 处（当实际检测数量不到 6 处时应全部抽取），采用钻孔、剔凿等方法验证：

① 认为相邻钢筋对检测结果有影响。

② 钢筋公称直径未知或有异议。

③ 钢筋的实际根数、位置与设计有较大偏差或无资料可供参考。

④ 钢筋以及混凝土材质与校准试件有显著差异。

六、检测结果判定

1. 钢筋保护层厚度检验时，纵向受力钢筋保护层厚度的允许偏差，对梁类构件为 + 10 mm， − 7 mm；对板类构件为 + 8 mm， − 5 mm。

2. 对梁类、板类构件纵向受力钢筋的保护层厚度应分别进行验收。

3. 结构实体钢筋保护层厚度验收合格应符合下列规定：

① 当全部钢筋保护层厚度检验的合格点率为 90%及以上时，钢筋保护层厚度的检验结果应判为合格。

② 当全部钢筋保护层厚度检验的合格点率小于 90%但不小于 80%时，可再抽取相同数量的构件进行检验；当按两次抽样总和计算的合格点率为 90%及以上时，钢筋保护层厚度的检验结果仍应判为合格。

③ 每次抽样检验结果中不合格点的最大偏差均不应大于第（1）条规定允许偏差的 1.5 倍。

七、检测部位的选择

各类标准中均提到钢筋保护层厚度的检验结构部位，应由监理（建设）单位、施工等各方根据结构构件的重要性共同确定。确定时应选取结构安全影响比较大的部位进行检测，如砖混结构工程中的顶板、梁、悬挑阳台板等构件。顶板检测区域要选择顶板底面靠近顶板中心的区域，确定检测的底排受力钢筋；梁体检测区域要选择梁体跨中区域或四分之一区至四分之三区域内且检测全部的主筋；悬挑的阳台板要检测上表面靠近阳台根部的上排受力钢筋。

钢筋位置和保护层厚度平行检验记录见下表。

钢筋位置和保护层厚度平行检验记录表

工程名称							施工单位					
部位							监理单位					

构件名称	X_Φ 方向						Y_Φ 方向					
	钢筋序号	钢筋保护层厚度/mm		相对距离/mm	结论		钢筋序号	钢筋保护层厚度/mm		相对距离/mm	结论	
		设计值	实测值					设计值	实测值			

平行检验结论：

备注：本次检测所用仪器编号

专业监理工程师：

标定有效期为：

实训十四　钢筋锈蚀检查

一、钢筋锈蚀概述

混凝土碳化会使得混凝土的 pH 值降低，当 pH 值小于 11 时，混凝土中钢筋表面的致密钝化膜就会被破坏，不仅如此，$CaSO_3$、$CaSO_4$ 还会与水泥水化产物中的铝酸三钙反应，生成物体积增大，从而使混凝土胀裂，这就是硫酸盐侵蚀破坏。

一旦钢筋表面钝化膜局部破坏或变得致密度差，即不完整，则钝化膜处就会形成阳极，而周围钝化膜完好的部位构成阴极，从而形成若干个微电池。

二、半电池电位法

半电池电位法是利用混凝土中钢筋锈蚀的电化学反应引起的电位变化来测定钢筋锈蚀状态的一种方法。通过测定钢筋/混凝土半电池电极与混凝土表面的铜/硫酸铜参考电极之间电位差的大小，评定混凝土中锈蚀活化程度。

三、测量装置

1. 参考电极（半电池）：本方法参考电极为铜/硫酸铜半电池。
2. 二次仪表的技术性能满足要求。
3. 导线：导线总长不应超过 150 m，一般选择截面积大于 $0.75 \ mm^2$ 的导线。
4. 接触液：为使铜/硫酸铜电极与混凝土表面有较好的电接触，可在水中加适量的家用液态洗涤剂对被测表面进行润湿，减少接触电阻与电路电阻。

四、测试方法

1. 测区的选择与测点布置：
（1）主要承重构件或承重构件的主要受力部位。
（2）在测区布置测试网格，网格节点为测点。间距可选 20 cm × 20 cm、30 cm × 30 cm、20 cm × 10 cm。测点位置距构件边缘应大于 5 cm，一般不宜少于 20 个测点。
（3）当一个测区内存在相邻点的读数超过 150 mV 时，通常应减小测点的间距。
（4）测区应统一编号。

2．混凝土表面处理

用钢丝刷、砂纸打磨测区混凝土表面，去除涂料、浮浆、污迹、尘土等，并用接触液将表面润湿。

3．二次仪表与钢筋的电连接

（1）铜/硫酸铜电极接二次仪表的正输入端，钢筋接负输入端。

（2）局部打开混凝土或选择裸露的钢筋，在钢筋上钻一小孔并拧上自攻螺钉，用加压型鳄鱼夹夹住并润湿，确保有良好的电连接。

（3）铜/硫酸铜参考电极与测点的接触。电极前端浸湿，读数前湿润混凝土表面。

4．铜/硫酸铜电极的准备。

5．测量值的采集：测点读数变动不超过 2 mV，可视为稳定。重复测读的差异不超过 10 mV。

五、钢筋锈蚀电位的一般判定标准

（1）在对已处理的数据（已进行温度修正）进行判读之前，按惯例将这些数据加以负号，绘制等电位图，然后进行判读。

（2）按照下表的规定判断混凝土中钢筋发生锈蚀的概率或钢筋正在发生锈蚀的锈蚀活动程度。

钢筋锈蚀点位的一般判定标准表

评定标准值	电位水平/mV	钢筋状态
1	0～－200	无锈蚀活动性或锈蚀活动性不确定
2	－200～－300	有锈蚀活动性，但锈蚀状态不确定，可能坑蚀
3	－300～－400	锈蚀活动性较强，发生锈蚀概率大于90%
4	－400～－500	锈蚀活动极强，严重锈蚀可能性极大
5	<－500	构件存在锈蚀开裂区域

注：① 表中电位水平为采用铜/硫酸铜电极时的量测值。
② 混凝土湿度对量测值有明显影响，量测时构件应为自然状态，否则误差较大。

实训十五 混凝土中氯离子含量的测定与评定

一、混凝土中氯离子含量概述

混凝土中氯离子可引起并加速钢筋的锈蚀；硫酸盐（SO_4^{2-}）的侵入可使混凝土成为易碎松散状态，强度下降；碱的侵入（K^+、Na^+）在集料具有碱活性时，可能引起碱-集料反应破坏。

二、结构混凝土中氯离子含量的测定方法

（1）氯离子含量的测定方法：实验室化学分析法和滴定条法。滴定条法可在现场完成氯离子含量的测定。

（2）混凝土中的氯离子含量，可采用现场按混凝土不同深度取样的方法测定。

（3）氯离子含量测定应根据构件的工作环境条件及构件本身的质量状况确定测区。

三、取 样

1. 混凝土粉末分析样品的取样部位和数量。

（1）分析样品的取样部位可参照钢筋锈蚀电位测试测区布置原则确定。

（2）测区的数量应根据钢筋锈蚀电位检测结果以及结构的工作环境条件确定。

（3）每一测区取粉的钻孔数量不宜少于 3 个，取粉孔可与碳化深度测量孔合并使用。

（4）测区、测孔应统一编号。

2. 取样方法。

（1）使用直径 20 mm 以上的冲击钻在混凝土表面钻孔。

（2）钻孔取粉应分层收集，一般深度间隔可取 3 mm、5 mm、10 mm、15 mm、20 mm、25 mm、50 mm 等。

（3）钻孔深度使用附在钻头侧面的标尺杆控制。

（4）用一硬塑料管和塑料袋收集粉末。

（5）同一测区不同孔相同深度的粉末可收集在一个塑料袋内，质量不应少于 25 g。

四、滴定方法

（1）将采回的样品过筛，去掉其中较大的颗粒。

（2）将样品置于（105±5）℃烘箱内烘 2 h，冷却至定温。

（3）称取 5 g 样品粉末（准确度优于 ±0.1 g）放入烧杯中。

（4）缓慢加入 50 mL（1.0 mol）HNO_3 并彻底搅拌直至嘶嘶声停止。

（5）用石蕊试纸检查溶液是否呈酸性（石蕊试纸变红），如果不呈酸性，再加入适量硝酸。

（6）加入约 5 g 无水碳酸钠（Na_2CO_3）。

（7）用石蕊试纸检查溶液是否呈中性（石蕊试纸不变）；否则，再加入少量无水碳酸钠直至溶液呈中性。

（8）用过滤纸做一锥斗加入液体。

（9）当纯净的溶液渗入锥头后，把滴定条插入液体中。

（10）待到滴定条顶端水平黄色转变成蓝色，取出滴定条并顺着由上至下的方向将其擦干。

（11）读取滴定条颜色变化处的最高值，然后，在该批滴定表中查出相对应的氯离子含量值，此值是以百万分之几表示的。

（12）如果使用样品质量不是 5 g 或使用过量的硝酸，则应按照下式修正百分比含量。

$$氯离子百分含量 = ab/10\,000\,c$$

式中：a——查表所得的值；

　　　b——硝酸体积（mL）；

　　　c——样品质量（g）。

五、试验室化学分析法

1. 混凝土中游离氯离子含量的测定。

（1）适用范围测定硬化混凝土中砂浆的游离氯离子含量。

（2）所需化学药品：硫酸（相对密度 1.84）、酒精（95%）、硝酸银、铬酸钾、酚酞（以上均为化学纯）、氯化钠（分析纯）。

（3）试剂配制。

（4）试验步骤：

① 样品处理。

取混凝土中的砂浆约 30 g，研磨至全部通过 0.63 mm 筛，然后置于 105 ℃±5 ℃烘箱中加热 2 h，取出后放入干燥器冷却至室温。称取 20 g（精确至 0.01 g），质量为 G，置于三角烧瓶中并加入 200 mL（V_3）蒸馏水，塞紧瓶塞，剧烈振荡 1～2 min，浸泡 24 h。

② 将上述试样过滤。用移液管分别吸取滤液 20 mL（V_4），置于两个三角烧瓶中，各加 2 滴酚酞，使溶液呈微红色，再用稀硫酸中和至无色后，加铬酸钾指示剂 10~20 滴，立即用硝酸银溶液滴定至呈砖红色。记录所消耗的硝酸银体积数（V_5）。

（5）试验结果计算。

游离氯离子含量按下式计算：

$$P = \frac{N_2 V_5 \times 0.03545 V_3}{G V_4} \times 100\%$$

式中：P——砂浆样品游离氯离子含量（%）；

N_2——硝酸银标准溶液的当量浓度；

G——砂浆样品质量（g）；

V_3——浸样品的水重（mL）；

V_4——每次滴定时提取的滤液量（mL）；

V_5——每次滴定时消耗的硝酸银溶液（mL）；

0.035 45——氯离子的毫克当量。

2. 混凝土中氯离子总含量，其中包括已和水泥结合的氯离子量。

（1）适用范围。

测定混凝土中砂浆的氯离子总含量，其中包括已和水泥结合的氯离子量。

（2）基本原理。

用硝酸将含有氯化物的水泥全部溶解，然后在硝酸溶液中，用倭尔哈德法来测定氯化物含量。倭尔哈德法是在硝酸溶液中加入过量的 $AgNO_3$ 标准溶液，使氯离子完全沉淀在上述溶液中，用铁矾作指示剂，将过量的硝酸银用 KCNS 标准溶液滴定。

（3）化学试剂。

氯化钠、硝酸银、硫氰酸钾、硝酸、铁矾、铬酸钾（以上均为化学纯）。

（4）试验步骤。

① 试剂配置。

② 混凝土试样处理和氯离子测定步骤：

a. 取适量的混凝土试样（约 40g）用小锤子仔细除去混凝土试样中石子部分，保存砂浆，把砂浆研碎成粉状，置于 105 ℃±5 ℃ 烘箱中加热 2 h，取出后放入干燥器冷却至室温，用感量为 0.01g 天平称取 10~20g 砂浆试样倒入三角锥瓶。

b. 用容量瓶盛 100 mL 稀硝酸（按体积比为浓硝酸：蒸馏水 = 15：85）倒入盛有砂浆试样的三角锥瓶内，盖上瓶塞，防止蒸发。

c. 砂浆度样浸泡一昼夜左右（以水泥全部溶解为度），其间应摇动三角锥瓶，然后用滤纸过滤，除去沉淀。

d. 用移液管准确量取滤液 20 mL 两份，置于三角锥瓶中，每份由滴定管加入硝酸银溶液约 20 mL（可估算氯离子含量的多少而酌量增减），分别用硫氰酸钾溶液滴定。

滴定时激烈摇动溶液，当滴至红色能维持 5～10 s 不褪色即为终点。

六、氯离子含量的评判标准

根据每一取样层氯离子含量的测定值，作出氯离子含量的深度分布曲线。
结构混凝土中氯离子含量的评判标准见下表。

结构混凝土中氯离子含量的评判标准表

氯离子含量 （占水泥含量的百分比）	<0.15	0.15～0.4	0.4～0.7	0.7～1.0	>1.0
诱发钢筋锈蚀的可能性	很小	不确定	有可能诱发钢筋锈蚀	会诱发钢筋锈蚀	钢筋锈蚀活跃
评定标度值	1	2	3	4	5

实训十六　混凝土电阻率的检测与评定

一、混凝土电阻率的检测方法

混凝土的电阻率反映其导电性。混凝土电阻率大，若钢筋发生锈蚀，则发展速度慢，扩散能力弱；混凝土电阻率小，则锈蚀发展速度快，扩散能力强。

混凝土电阻率可采用四电极阻抗测量法测定，即在混凝土表面等间距接触四支电极，两外侧电极为电流电极，两内侧电极为电压电极，通过检测两电压电极间的混凝土阻抗获得混凝土电阻率ρ。

$$\rho = 2\pi dv/I$$

式中：V——电压电极间所测电压；

I——电流电极通过的电流；

d——电极间距。

二、电阻率测试仪及技术要求

1. 外观要求。

混凝土电阻率测定仪各部分应连接牢固，其表面不应有锈斑、裂纹、明显的划痕及凹陷损伤。

2. 性能要求。

根据混凝土电阻率测试仪检测要求确定性能参数：测量分辨率、测量误差范围。同时考虑到"新拌混凝土电阻率测定仪""在役混凝土电阻率测定仪"的用途不同，指标要求有所区别。根据多次试验以及调研仪器设备的生产情况，确定指标如下二表：

在役混凝土电阻率测定仪性能要求

序号	参数	技术指标
1	测量分辨率	$0.1\ k\Omega \cdot cm$
2	电阻率相对示值误差	5%

新拌混凝土电阻率测定仪的性能要求

序号	参数	技术指标
1	测量分辨率	$0.001\ k\Omega \cdot cm$
2	电阻率相对示值误差	3%

三、仪器的检查

在四个电极上分别接上三支电阻，则仪器的显示值为相应的电阻率值。

四、混凝土电阻率的测量

测区与测位布置可参照钢筋锈蚀自然电位测量的要求。

调节好仪器电极的间距，一般采用的间距为 50 mm，为了保证电极与混凝土表面有良好、连续的电接触、应在电极前端涂上耦合剂，特别是当读数不稳定时。

五、混凝土电阻率的评定标准

混凝土电阻率的评定标准见下表。

混凝土电阻率的评定标准

电阻率/（Ω·cm）	钢筋发生锈蚀可能的锈蚀速率	评定标度值
>20 000	很慢	1
15 000 ~ 20 000	慢	2
10 000 ~ 15 000	一般	3
5 000 ~ 10 000	快	4
<5 000	很快	5

注：混凝土湿度对量测值有明显影响，量测时构件应为自然状态，否则不能使用此评判标准。

实训十七 回弹法检测混凝土抗压强度

一、仪器使用前的准备工作

回弹仪在使用前应进行率定试验，且应符合下列规定：

（1）率定试验应在室温 5～35 ℃ 的条件下进行。

（2）钢砧表面应干燥、清洁，并应固定地平放在刚度大的物体上。

（3）回弹值应取连续向下弹击三次的稳定回弹结果的平均值。

（4）率定试验应分四个方向进行，且每个方向弹击前，弹击杆应旋转 90°，每个方向的回弹平均值均应为 80±2。

二、一般规定

1. 采用回弹法检测混凝土强度时，宜具有下列资料：

（1）工程名称、设计单位、施工单位。

（2）构件名称、数量及混凝土类型、强度等级。

（3）水泥安定性、外加剂、掺合料品种、混凝土配合比等。

（4）施工模板，混凝土浇筑、养护情况及浇筑日期等。

（5）必要的设计图纸和施工记录。

（6）检测原因。

2. 回弹仪在检测前后，均应在钢砧上做率定试验，其平均值应为 80±2。

3. 混凝土强度可按单个构件或批量进行检测，并应符合下列规定：

（1）单个构件的检测应符合《回弹法检测混凝土抗压强度技术规程》（JGJ/T 23—2011）第 4.1.4 条的规定。

（2）对于混凝土生产工艺、强度等级相同，原材料、配合比、养护条件基本一致且龄期相近的一批构件的检测应采用批量检测。按批量进行检测时，应随机抽取构件，抽检数量不宜少于同批构件总数的 30% 且不宜少于 10 件。当检验批构件数量不大于 30 个时，抽样构件数量可适当调整，并不得少于国家现行有关规定的最少取样数量。

4. 单个构件的检测应符合下列规定：

（1）对于一般构件，测区数量不宜少于 10 个。当受检构件数量大于 30 个且不需提供单个构件推定强度或受检构件某一方向尺寸不大于 4.5 m 且另一方向尺寸不大于 0.3 m 时，每个构件的测区数量可适当减少，但不应少于 5 个。

（2）相邻两测区的间距不应大于 2 m，测区离构件端部或施工边缘的距离不宜大于 0.5 m，且不宜小于 0.2 m。

（3）测区宜选在能使回弹仪处于水平方向的混凝土浇筑侧面。当不能满足这一要求时，也可选在使回弹仪处于非水平方向的混凝土浇筑表面或底面。

（4）测区宜布置在构件的两个可测面上，当不能布置在同一可测面上时，也可布置在同一可测面上，且应均匀分布。在构件的重要部位及薄弱环节部位应布置测区，并应避开预埋件。

（5）测区的面积不宜大于 0.04 m^2。

（6）测区表面应为混凝土原浆面，并应清洁、平整，不应有酥松层、浮浆、油污、涂层及蜂窝、麻面。

（7）对于弹击时产生颤动的薄壁、小构件，应进行固定。

三、回弹值测量

1. 测量回弹时，回弹仪的轴线应始终垂直于混凝土检测面，并应缓慢施压、准确读数、快速复位。

2. 每一测区应读取 16 个回弹值，每个测点的回弹值读数应精确至 1 MPa，测点宜在测区范围内均匀分布，相邻两测点的净距离不宜小于 20 mm；测点距外露钢筋、预埋件的距离不宜小于 30 mm；测点不应在气孔或外露石子上，同一测点应只弹击一次。

四、碳化深度值测量

1. 回弹值测量完毕后，应在有代表性的测区上测量碳化深度值，测点数不少于构件测区数的 30%，应取其平均值作为该构件的每个测区的碳化深度值。

2. 碳化深度值的测量应符合下列规定：

（1）可采用工具在测区表面形成直径约为 15 mm 的孔洞，其深度应大于混凝土的碳化深度。

（2）应清除孔洞中的粉末和碎屑，且不得用水擦洗。

（3）应采用浓度为 1%～2%的酚酞酒精溶液滴在孔洞内壁的边缘处，当已碳化与未碳化界限清晰时，应采用碳化深度测量仪测量已碳化与未碳化混凝土交界面到混凝土表面的垂直距离，并应测量 3 次，每次读数应精确至 0.25 mm。

（4）应取三次测量的平均值作为检测结果，并应精确至 0.5 mm。

3. 新浇筑的混凝土 3 个月之内一般无碳化，一般情况下不需要进行碳化深度的检测。

五、回弹值计算

1. 计算测区平均回弹值时，应从该测区的 16 个回弹值中剔除 3 个最大值和 3 个最小值，其余的 10 个回弹值按下式计算：

$$R_\mathrm{m} = \frac{\sum\limits_{i=1}^{n} R_i}{10}$$

式中：R_m——测区平均回弹值；

　　　R_i——第 i 个测点的回弹值。

2. 非水平方向检测混凝土浇筑面时，测区的平均回弹值应按下式修正：

$$R_\mathrm{m} = R_{\mathrm{m}\alpha} + R_{\alpha\alpha}$$

式中：$R_{\mathrm{m}\alpha}$——非水平方向检测时测区的平均回弹值；

　　　$R_{\alpha\alpha}$——非水平方向检测时回弹值修正值。

3. 水平方向检测混凝土浇筑表面或底面时，测区的平均回弹值按下列公式修正：

$$R_\mathrm{m} = R_\mathrm{m}^\mathrm{b} + R_\mathrm{a}^\mathrm{b}$$

$$R_\mathrm{m} = R_\mathrm{m}^\mathrm{t} + R_\mathrm{a}^\mathrm{t}$$

式中：R_a^b、R_a^t——水平方向检测混凝土浇筑表面、底面时，测区的回弹平均值；

　　　R_m^t、R_m^b——混凝土浇筑表面、底面回弹值的修正值。

4. 当回弹仪为非水平方向且测试面为混凝土的非浇筑侧面时，应先对回弹值进行角度修正，并应对修正后的回弹值进行浇筑面修正。

六、混凝土强度计算

1. 构件第 i 个测区混凝土强度换算值，可按本实训所求得的平均回弹值（R_m）及碳化深度值（d_m），查表或计算得出。

2. 构件的测区混凝土强度平均值应根据各测区的混凝土强度换算值计算。当测区数为 10 个及以上时，还应计算强度标准差。平均值及标准差应按下列公式计算：

$$m_{f_\mathrm{cu}^\mathrm{c}} = \frac{\sum\limits_{i=1}^{n} f_{\mathrm{cu},\,i}^\mathrm{c}}{n} \qquad S_{f_\mathrm{cu}^\mathrm{c}} = \sqrt{\frac{\sum\limits_{i=1}^{n} (f_{\mathrm{cu},\,i}^\mathrm{c})^2 - n(m f_{\mathrm{cu},\,i}^\mathrm{c})^2}{n-1}}$$

3. 构件的现龄期混凝土强度推定值应符合下列规定：

（1）当构件测区数少于 10 个时，按下式计算：

$$f_{cu, e} = f_{cu, min}^{c}$$

式中：$f_{cu, min}^{c}$——构件中最小的测区混凝土强度换算值。

（2）当构件的测区强度之中出现小于 10 MPa 时，应按下式计算：

$$f_{cu, e} < 10.0 \text{ MPa}$$

（3）当构件测区数不少于 10 个时，应按下式计算：

$$f_{cu, e} = m_{f_{cu}^{c}} - 1.645 S_{f_{cu}^{c}}$$

（4）当批量检测时，应按下式计算：

$$f_{cu, e} = m_{f_{cu}^{c}} - k S_{f_{cu}^{c}}$$

式中：k——推定系数，宜取 1.645。当需要进行推定区间时，可按国家现行有关标准的规定取值。

4. 对按批量检测的构件，当该批构件混凝土强度标准差出现下列情况之一时，该批构件应全部按单个构件检测：

（1）当该构件混凝土强度平均值小于 25 MPa、$S_{f_{cu}^{c}}$ 大于 4.5 MPa 时；

（2）当该批构件混凝土强度平均值不小于 25 MPa 且不大于 60 MPa、$S_{f_{cu}^{c}}$ 大于 5.5 MPa 时。

实训十八 混凝土裂缝检查

一、目 的

为进一步细化裂缝的现场检测工作，保证检测记录、检测报告更真实地反映实际情况，提高检测结果的准确性，保证检测工作的有效、准确、顺利进行，制定此实训指导书。

二、依 据

《混凝土结构工程施工质量验收规范》（GB 50204—2002）

《超声法检测混凝土缺陷检测技术规程》（CECS21：2000）

三、抽样规则

对于结构及构件中的混凝土裂缝检测均为监理（建设）单位、施工单位等委托，检测部位均由委托方指定。

四、检测设备及辅助工具

裂缝测宽仪、非金属超声检测分析仪、钢卷尺。

五、设备要求

1. 非金属超声检测分析仪应具有波形稳定、显示稳定的示波装置，声时最小分度为 0.1 μs。

2. 裂缝测宽仪的最小示值宜为 0.02 mm；

3. 钢卷尺分辨率为 1 mm。

六、检测项目及方法

裂缝检测包括裂缝外观形态、分布特征的描述，裂缝宽度检测，裂缝深度检测。

检测前应首先通过沟通尽可能获取下列信息：

（1）裂缝出现时间及已出现裂缝的数量和分布情况。

（2）对混凝土结构应详细了解混凝土施工浇筑情况。

（3）检测部位钢筋分布情况、结构构件中预留管道、金属预埋件等。

（4）检测原因。

（一）检测项目

1. 裂缝外观形态、分布特征的描述

结合委托方提供的信息，初步查看裂缝的外观形态，手绘裂缝分布图，准确记录裂缝的条数、位置、长度和走向，宜记录并存储构件典型裂缝的影像资料。

2. 裂缝宽度

对委托方选定的裂缝采用裂缝测宽仪进行宽度检测，一条连续裂缝上宜布置 2 个以上裂缝宽度测位，对每个测位检测两个测点，每个测点重复检测三次，取平均值作为该点裂缝宽度值，精确至 0.02 mm，并在裂缝分布图中标注检测部位。

3. 裂缝深度

裂缝深度检测采用超声法，根据裂缝深度与被测构件厚度的关系以及可测试表面情况，可选择采用单面平测法、双面斜测法或钻孔对测法进行检测。

被测裂缝表面应清洁、平整，缝中不得有积水或泥浆等。

当结构的裂缝部位只有一个可测表面，裂缝的估计深度不大于 500 mm 且比被测构件厚度至少小 100 mm 时，可采用单面平测法。要求在裂缝深度测试部位的两侧分别具有清洁、平整且无裂缝的可进行检测的混凝土面，裂缝两侧的可测试表面宽度分别不小于估计缝深，检测测试部位混凝土的声速、跨缝的声时并测量换能器的间距，计算测试部位处的裂缝深度。

（二）检测方法

1. 单面平测法。

（1）测量步骤。

① 将 T 和 R 换能器置于裂缝附近同一侧，以两个换能器内边缘间距（l'）等于 100 mm、150 mm、200 mm，分别读取 4 个以上的声时值（t_i），下图为"时-距"坐标图，用回归分析的方法求出声时与测距之间的回归直线方程：

$$l'_i = a + bt_i$$

式中：l'_i——第 i 点的 R、T 换能器内边缘间距（mm）；

t_i——第 i 点读取的声时值（μs）；

a——"时-距"途中回归直线方程的常数项（mm）。

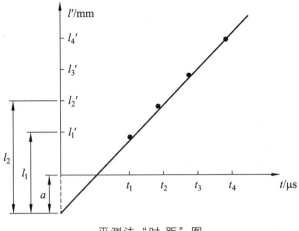

平测法"时-距"图

② 超声测距的修正。

测点超声实际传播的距离应为

$$l_i = l_i' + a$$

式中：l_i——第 i 点的超声实际传播距离（mm）。

③ 跨缝的声时测量。

如下图所示，将 T、R 换能器分别置于以裂缝为对称的两侧，对应不同的 l' 值分别测读声时值 t_i^0。

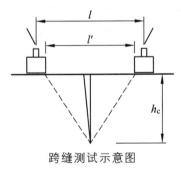

跨缝测试示意图

（2）裂缝深度的计算。

对应不同测距 l_i 按下式分别计算裂缝深度 h_{ci}：

$$h_{ci} = \frac{l_i}{2} \sqrt{\left(\frac{t_i^0 v}{l_i}\right)^2 - 1}$$

式中：h_{ci}——第 i 点计算的裂缝深度值（mm）；

　　　l_i——跨缝平测时第 i 点的超声波实际传播距离（mm）；

　　　t_i^0——第 i 点跨缝平测的声时值（μs）；

v——裂缝区域的混凝土声速，可取用平测法声速或用其他方法获取的声速（km/s）。

2. 双面斜测法。

测点布置如下图所示，将 T、R 换能器分别置于两测试表面对应测点 1、2、3…的位置，图中第 3、4、5 条测线为通过被测裂缝断面的测线，其他测线未通过被测裂缝断面，读取相应声时值 t_i、波幅值 A_i 及主频率 f_i。

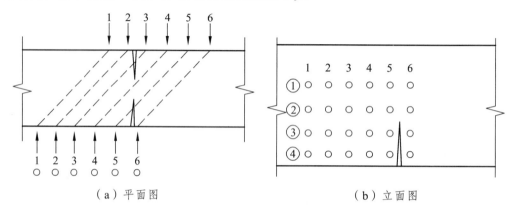

（a）平面图 　　　　　　　　　（b）立面图

裂缝双面斜测测点布置示意图

（三）裂缝深度判定

将通过裂缝断面的测线的声参量与未通过被测裂缝断面的声参量进行比较，根据声参量是否发生突变以及波形是否发生畸变，可以判定通过裂缝断面的测线是否穿过裂缝，从而确定裂缝深度以及是否在所处断面内贯通。

在初步测得裂缝深度后，必要时可在裂缝断面区内加密测点进行测试，以更为准确地判断裂缝深度。

七、结果表示方法

裂缝检测结果以裂缝宽度单个检测点宽度平均值和所检部位裂缝深度值表示，必要时辅以图示标明所检部位。

八、其他注意事项

1. 现场检测前应充分了解委托方意图及裂缝的相关信息。

2. 裂缝所检部位必须表面清洁，内部无泥浆等杂物。

3. 现场检测应有保证检测人员操作安全的条件，非金属超声检测分析仪使用完毕后应及时清理黄油等杂物。

检测结果统计表如下：

检测结果统计

序号	裂缝位置	宽度/mm	深度/mm	长度/mm	裂缝走向	备注
1						
2						
3						
4						
检测结论						

实训十九　混凝土外观质量检查

混凝土工程质量缺陷有：麻面、蜂窝、露筋、裂缝、孔洞、烂边、烂根、气泡、爆模、胀模、错台、挂帘、夹渣、疏松、外形缺陷、外表缺陷、连接部位缺陷等。

一、麻　面

麻面是指混凝土表面呈现出无数绿豆般大小的不规则小凹点，直径通常不大于5 mm，见下图。

麻面

1. 成因分析：

（1）模板表面未清理干净，附有水泥浆渣等杂物。

（2）浇筑前模板上未洒水湿润或湿润不足，混凝土的水分被模板吸去或模板拼缝漏浆，靠近拼缝的构件表面浆少，拆模后出现麻面。

（3）混凝土搅拌时间短，加水量不准确致使混凝土和易性差，混凝土浇筑时有的地方砂浆少石子多，形成蜂麻面。

（4）混凝土没有分层浇筑，造成混凝土离析，出现麻面。

（5）混凝土入模后振捣不到位，气泡未能完全排出，拆模后出现麻面。

（6）振捣过迟，振捣时已有部分凝固。

2. 预防措施：

（1）模板表面清理干净，脱模剂应涂刷均匀。

（2）混凝土搅拌时间要适宜，一般应为 1~2 min。

（3）浇筑混凝土时，无论哪种模型，均需洒水湿润，但不得积水。

（4）浇筑前检查模板拼缝，对可能漏浆的缝，设法封堵。

（5）振捣遵循快插慢拔原则，振动棒插入到拔出时间控制在 20 s 为佳，插入下层 5～10 cm，振捣至混凝土表面平坦泛浆、不冒气泡、不显著下沉为止。

3. 修补方法。

混凝土表面的麻点，对结构无大影响，通常不做处理，如需处理，可采用如下方法：

用稀草酸溶液将该处脱模剂油点或污点用毛刷洗净，在修补前先用水湿透；修补用的水泥品种必须与原混凝土一致，砂子为细砂，粒径最大不宜超过 1 mm，按照漆工刮腻子的方法，将砂浆用刮刀大力压入麻点，随即刮平；水泥砂浆的配合比为 1：2 或 1：2.5，由于数量不多，可用人工在小桶中拌匀，随拌随用，必要时掺拌白水泥调色；修补完成后，用麻袋进行保湿养护。

二、蜂　窝

蜂窝是指混凝土表面无水泥浆，骨料间有空隙存在，形成数量或多或少的窟窿，大小如蜂窝，形状不规则，露出石子深度大于 5 mm，深度不漏主筋，可能漏箍筋见下图。

蜂窝

1. 成因分析：

（1）模板漏浆或振捣过度，跑浆严重致使出现蜂窝。

（2）混凝土坍落度偏小，配合比不当或砂、石子、水泥材料加水量计量不准，造成砂浆少、石子多，加上振捣时间不够或漏振形成蜂窝。

（3）混凝土下料不当或下料过高，未设串筒使石子集中，造成石子砂浆离析，没有采用带浆法下料和赶浆法振捣。

（4）混凝土搅拌与振捣不足，使混凝土不均匀，不密实，和易性差，振捣不密实，造成局部砂浆过少。

2. 预防措施：

（1）浇筑前检查并嵌填模板拼缝以免浇筑过程中跑浆。

（2）浇筑前浇水湿润模板以免混凝土的水分被模板吸去。

（3）振捣工具的性能必须与混凝土的工作度相适应；振捣工人必须按振捣要求精心振捣，尤其加强模板边角和结合部位的振捣。

（4）混凝土拌制时间应足够、拌和均匀，坍落度适合；混凝土下料高度超过 2 m 应设串筒或溜槽；浇灌应分层下料，分层振捣，防止漏振；模板缝应堵塞严密，浇灌中，应随时检查模板支撑情况防止漏浆；基础、柱、墙根部应在下部浇完间歇 1 ~ 1.5 h，沉实后再浇上部混凝土，避免出现"烂脖子"。

3. 修补方法。

小蜂窝可按麻面方法修补，大蜂窝采用如下方法修补：

（1）将蜂窝软弱部分凿去，用高压水及钢丝刷将结合面冲洗干净。

（2）修补用的水泥品种必须与原混凝土一致，砂子用中粗砂，按照抹灰工的操作方法用抹子大力将砂浆压入蜂窝内，刮平，在棱角部位用靠尺将棱角取直。

（3）水泥砂浆的配比为 1 : 2 到 1 : 3，并搅拌均匀，有防水要求时，在水泥浆中掺入水泥用量 1% ~ 3% 的防水剂，起到促凝和提高防水性能的目的。

（4）修补完成后，用麻袋进行保湿养护。

三、孔　洞

孔洞是指混凝土表面有超过保护层厚度，但不超出截面尺寸 1/3 的缺陷，结构内存在着空隙，局部或部分没有混凝土，见下图。

孔洞

1. 成因分析：

（1）内外模板距离狭窄，振捣困难，骨料粒径过大，钢筋过密，造成混凝土下料中被钢筋卡住，下部形成孔洞。

（2）混凝土流动性差，或混凝土出现离析，粗骨料同时集中到一起，造成混凝土浇筑不畅形成孔洞。

（3）未按浇筑顺序振捣，有漏振点形成孔洞。

（4）没有分层浇筑，或分层过厚，使下部混凝土振捣作用半径达不到，形成松散状态形成孔洞。

2. 预防措施：

（1）可采用小料、大料两种配比的混凝土，前两斗混凝土拌小料，水平分层浇筑，附着式振捣器振捣，其他部位混凝土采用大料按上述方法浇筑，插入式振捣器振捣。

（2）对构件角点和结合部重点检查，特别注意振捣，不能用机械振捣时，可改用人工插捣，插捣应反复数次，确保混凝土不出现孔隙。

（3）混凝土配合比中掺加高效减水剂，确保混凝土流动性满足工作要求，在混凝土运输、浇筑的各个环节采取措施保证混凝土不离析。

（4）一次卸料避免过多，振捣应密实，不允许出现漏振点。

（5）严防杂物出现在拌制好的混凝土当中。

3. 修补方法：

（1）修补前用湿麻袋或湿棉纱头填满，保持湿润 72 小时。

（2）将修补部位的不密实混凝土及突出的骨料颗粒凿去，洞口上部向外上斜，下部方正水平。

（3）用高压水及钢丝刷将基层冲洗干净。

（4）修补用的水泥品种应与原混凝土一致，为减少新旧混凝土之间的空隙，水灰比控制在 0.5 以内，并掺水泥用量万分之一的铝粉。

（5）孔洞周围先抹一层水泥浆，然后用比原混凝土强度高一级的细石混凝土或补偿收缩混凝土填补并分层仔细捣实，以免新旧混凝土接触面上出现裂缝。

（6）对于不易清理的较深蜂窝、孔洞，由于清理敲打会加大缺陷尺寸，使结构遭到更大的削弱，应采用水灰比为 0.7～1.1 的水泥浆液体进行压浆补强。必要时可在水泥浆中掺入一定量的水玻璃作促凝剂。压浆孔的位置、数量及深度，应根据蜂窝、孔洞的实际情况和浆液扩散范围而定，孔数一般不少于两个，一根压浆，一根排气或排除积水。

压浆方法如下：在填补的混凝土凝结后 2 d，即相当于强度达到 1.2～1.8N/mm^2 后，用压浆机压浆。压力为 6～8 个大气压，最小为 4 个。在第一次压浆初凝后，再用原埋入的管子进行第二次压浆，大部分都能压入不少水泥浆，且从排气管挤出清水。压浆完毕 2～3 d 后切除管子，剩下的管子空隙以砂浆填补。

四、烂边、烂根

"烂边"和"烂根"主要是模板拼缝不严密、接缝处止浆不好，振捣时混凝土表面失浆造成的，见下图。漏浆较少时边角出现"毛边"，漏浆严重出现混凝土蜂窝麻面。

烂边、烂根

1. 预防措施：

（1）接缝处贴橡胶海绵条或土工布止浆，并用钢木压板、橡胶压条止浆。

（2）拼缝两侧的振捣器起振时保持同步。

2. 修补方法：漏浆较少时按麻面进行修复，漏浆严重时按蜂窝处理办法进行修复。将烂根处松散混凝土和软弱颗粒凿去，洗刷干净后，支模，用专用灌浆料填塞严实，并捣实。

五、裂　缝

混凝土的收缩会产生裂缝（见下图），分干缩，和自收缩两种。干缩是混凝土随着多余水分蒸发、湿度降低而产生体积减少的收缩，其收缩量占整个收缩量的很大部分；自收缩是水泥水化作用引起的体积减少，收缩量只有前者的 1/5 ~ 1/10。

裂　缝

1. 原因分析：

（1）由于温度变化或混凝土缩变的影响，形成裂纹。

（2）过度振捣造成离析，表面水泥含量大，收缩量也增大。

（3）拆模过早，或养护期内受扰动等因素有可能引起混凝土产生裂纹。

（4）未加强混凝土早期养护，表面损失水分过快，造成内外收缩不均匀而引起表面混凝土开裂。

2. 预防措施。

（1）浇筑完混凝土 6 h 后开始养护，养护龄期为 7 d，前 24 h 内每 2 h 养护一次，24 h 后按每 4 h 养护一次，顶面用湿麻袋覆盖，避免曝晒。

（2）振捣密实而不离析，对板面进行二次抹压，以减少收缩量。

3. 修补方法：

对于细微裂缝可向裂缝中灌入纯水泥浆，嵌实再覆盖养护；或将裂缝加以清洗，干燥后涂刷两遍环氧胶泥或加贴环氧玻璃布进行表面封闭；对于较深或贯穿的裂缝，应用环氧树脂灌浆后在表面再加刷环氧树脂胶泥封闭。

六、气　泡

气泡属麻面的范畴，也是常见的缺陷，见下图。除不易排气泡的结构（如倒角等）外，形成气泡缺陷的原因常见的是浇筑分层厚度过大，气泡溢出表面的距离大，此时振捣稍有不足，便容易形成气泡。同时，脱模剂的影响也不容忽视。涂刷在模板表面的脱模剂（隔离剂）一般为油性，如脱模剂浓度过稠、涂刷厚度过大，则在表面张力的作用下，包裹混凝土内的气体吸附于模板表面，形成较难溢出仓外的气泡，在混凝土凝固后便成为气泡缺陷。

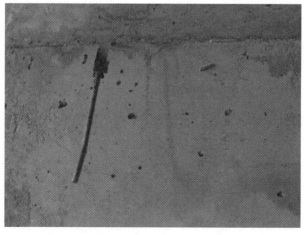

气　泡

七、错台、挂帘

混凝土浇筑产生的错台缺陷主要是由模板原因造成的。模板设计不合理、模板规格不统一、安装时模板加固不牢或在浇筑过程中不注意跟进调整，使模板间产生相对错动，都会引起错台。特别是模板下部与老混凝土搭接不严密或不牢固，留下缝隙，引起浇筑时漏浆，是产生错台和挂帘的主要原因。错台、挂帘示意见下图。

错台、挂帘

1. 预防措施。

为避免混凝土表面出现错台、挂帘的现象，要求模板首先要有足够的刚度且边缘平整，对已经使用过的模板，安装前一定要进行校正。其次是模板安装时，须保证模板间拼接紧密、支撑牢固，整体刚度足够。特别需加强模板与老混凝土之间的紧固，因为这是错台的多发点。如浇筑高度大，最好在上一仓拆模时保留最上一块模板，与新浇筑仓模板拼接。同时，须注意混凝土浇筑过程的跟进工作，对模板受力后的变形进行实时监测，对变形模板及时作调整。当混凝土浇至 1/3、1/2 高度时，需对模板支撑件各紧固一次，待浇筑完成时再紧固一次，可有效防止错台、倒帘现象的发生。

2. 修复方法。

错台、挂帘的修复主要采用凿成斜面，形成逐步过渡的形式，一般选用扁平凿和手砂轮作为工具，斜面的坡度一般大于 1：20～1：30，最大不应大于 1：10，否则修复的效果不理想。为降低处理难度和避免色差过大，错台的处理一般在混凝土拆模后或 3 d 龄期前进行。这种办法其实是采用过渡的措施来改善观感，对有严重错台的缺陷处理效果不佳。

八、爆模、胀模

爆模和胀模的主要原因是模板的强度和刚度不足造成的。如按预定的工况计算但实际施工时，没有按预定的工况来操作，造成模板的强度储备不足而爆模和胀模。

解决方案：

　　加强模板体系的强度与刚度，对主要构件要进行必要的力学计算。严格按力学计算模型与工况进行施工。当施工中有违反施工工艺的操作时，要立即制止，观测模板的变形，如超过一定的限值，则需采用有效措施防止爆模（如灌入的速度减缓一些）。修补的办法就是凿除多余的混凝土，修整平顺。混凝土结构表面缺陷检查见下表：

混凝土结构表面缺陷检查表

缺陷名称	位置	形态	长/cm	宽/cm	深度（厚度、高差）/cm	备注
图示及说明						

实训二十　混凝土耐久性评定

一、评价原则

根据检测评定的具体要求，可对结构的单一构件进行耐久性评价，也可对结构整体进行评价。耐久性评价基于前面各项耐久性检测指标进行，重点针对结构材质状况和表观损伤的耐久性方面。

二、单一构件评价方法

单一构件的耐久性评定以该构件的各项耐久性评定标度为依据，考虑构件所处环境条件及各项耐久性指标权重值进行评价，公式如下：

$$E_{单} = \delta \times \sum_{i=1}^{n} A_i \alpha_i$$

式中：$E_{单}$——单一构件的耐久性评定结果；

　　　δ——构件所处环境影响系数；

　　　α_i——材质状况指标与耐久性各项检测指标的评定标度；

　　　n——所检测的材质状况指标及耐久性指标数，一般 $n = 9$。

混凝土单一构件的耐久性评定标准见下表：

混凝土单一构件的耐久性评定标准表

$E_单$范围	$0.7 \leqslant E_单 < 2$	$2 \leqslant E_单 < 3$	$3 \leqslant E_单 < 4$	$4 \leqslant E_单 < 5$	$E_单 > 5$
耐久性等级	5	4	3	2	1
构件耐久性状况	完好	较好	一般	较差	很差

三、结构耐久性综合评价

结构的耐久性综合评价以组成该结构的各类构件的耐久性评定结果为依据，综合考虑各类构件的权重系数，按下式进行评价。

$$E_{总} = \sum_{j=1}^{m} E_{单j} \alpha_j$$

式中： $E_{总}$ ——结构整体的耐久性评定结果；

$E_{单j}$ ——单一构件的耐久性评定结果；

α_j ——结构构（部）件推荐权重值；

m ——进行了耐久性检测的结构构（部）件件数。

结构耐久性综合评价见下表。

结构耐久性综合评价表

$E_{总}$范围	$1 \leqslant E_{总} < 2$	$2 \leqslant E_{总} < 3$	$3 \leqslant E_{总} < 4$	$4 \leqslant E_{总} < 5$	$E_{总} \geqslant 5$
耐久性等级	5	4	3	2	1
构件耐久性状况	完好	较好	一般	较差	很差

第四部分　养护维修与病害整治

实训一　运营隧道养护维修

隧道结构的寿命是指设计时预计的结构安全稳定地工作的年限。影响隧道结构寿命长短的因素有：① 隧道的结构形式；② 使用的建筑材料；③ 外界因素，如人为因素、工程地质和水文地质状况等。经验表明，由砖石材料砌筑成的隧道结构寿命一般为 70～80 年，而钢筋混凝土的隧道结构寿命可达 100 年。当然，一些外界因素和偶然因素会使结构的寿命出现较大波动。

为了尽量延长隧道结构的寿命，应对隧道进行经常性的养护。隧道养护工作本着以预防为主，预防与及时整治病害相结合的原则，确保隧道的功能和运营环境的质量，而对影响隧道结构物安全性、耐久性的变异进行检查及调查，并采取适当的对策和措施，做到防治结合，把病害控制在最小的范围内。

在隧道结构使用寿命以内，应进行以下防护与养护工作：运营状态监视；检查以便及时发现隧道结构出现的病害；分析引起隧道病害的原因；采用适当的维修及修复措施；评价隧道结构的安全性及稳定性。

一、运营状态监视

运营状态监视的目的是通过运营控制系统同时监视及控制车辆流动状态，洞内的温度、湿度、通风、照明、有害气体含量、火警能量供给状态等多项运营工作状态，并根据监视结果及时发现不正常状态，调整隧道能量供给方式，节约运营费用。例如，可根据洞内有害气体的含量及车辆在同时间内的流量确定隧道通风机的工作状态，根据隧道洞内的不同位置以及洞内外光线差别调整洞内照明的强度。

二、隧道病害检查

通过检查及时发现隧道结构是否出现病害是隧道养护工作的重要内容，其目的是尽早发现结构已出现的破损，避免由于破损程度的发展而导致破损范围的扩大，以便可能减少维修的程度以及维修的工程费用，即遵循"早发现，控制发展；早维修，少工料费"的原则。

1. 隧道检查：

隧道检查有经常检查、定期检查、特别检查和限界检查等。

（1）经常检查。其内容包括排水设施是否通畅，衬砌表面是否有漏水，洞口山坡是否有塌方落石，隧道上方地表是否出现冲沟和陷穴等，对已有病害进行观测并做好记录以便存档。

（2）定期检查。由工务段按铁路局工务处的布置，对管区内所有隧道进行每年一次的全面检查。检查时间一般在秋季或春季，故称"秋检"或"春检"。检查内容包括洞口、洞内各种建筑物的状况，可能产生的病害，洪水前后的状态变化，严寒地区春季冰雪融化后对建筑物的影响等。

（3）特别检查。由铁路局组织或指定有关单位，对个别长大的、构造复杂的和有严重病害的隧道进行特别检查。

（4）限界检查。它是专门对隧道衬砌限界所进行的全面检查，是隧道技术管理的重要内容之一。工务规则规定，至少每 5 年要检查 1 次，并做好检查记录以便存档。

2. 隧道病害检查方法：

隧道病害的类型主要有水害、冻害、衬砌裂损和衬砌侵蚀。最为常见的是水害，素有"十隧九漏"之说。

隧道病害发生较多的地段，从地质情况看，一般是断层破碎带、风化变质岩地带、裂隙发育的岩体、岩溶地层、软弱围岩地层等；从地形情况看，多发生在斜坡、滑坡构造地带和岩堆崩塌地带等。

常用于观察隧道结构是否出现病害的方法有：

（1）在洞内通过肉眼观察。

（2）定期对设置的观察面进行量测，并用曲线外插角法预测变形及受力状态。

（3）观察地下水数量及水质变化。

（4）钻孔探查，了解岩石受力及松动状态、岩石与隧道接触状态、隧道结构变形裂缝状态、密封层防水性等。

（5）开挖检查井及坑道。

（6）现代测量方法，如物理地质电测法、地质电测法、红外线测量法等。

三、引起隧道病害的原因

引起隧道病害的原因有多种，主要可分两类，即人为因素和自然因素。

1. 人为因素。

引起隧道病害的人为因素主要是指设计和施工不当，包括以下几个方面：

（1）建筑材料：建筑材料强度低，质量差，易老化。

（2）设计不当：界面形式不合理，强度偏小，密封及防排水系统不当。

（3）施工不当：岩石松动或自承效应丧失，支护结构与岩石接触差，仰拱合拢过晚，开挖及衬砌方法不当等。

2. 自然因素。

引起隧道病害的自然因素是指工程地质及水文地质、交通等状态的变化，主要包括以下几个方面：

（1）地质状态：作用于岩体上的外力荷载发生改变；岩体自身由于发生应力重分布、松动或出现膨胀应力而改变了岩体原来的受力状态；围岩体积变化改变了原来的围岩作用。

（2）内部荷载：交通状态的改变使洞内荷载强度及振动强度发生变化。

（3）地貌改变：如在隧道邻近处开挖土方，进行振动较大的施工作业。

（4）地下水影响：隧址处地下水位改变、水量及水质改变、密封层渗水等。

通常，隧道破损的形式、程度与上述因素之间没有对应的因果关系，这是由于一方面上面提到的两类引起破损的因素在很多情况下是相互影响的，另一方面相同的破损形式可能在不同情况下是由不同原因引起的，或相同的破损原因可能导致不同的破坏形式及程度。另外，还存在很多其他的引起破损的因素。例如，没有及时发现引起破损的迹象或出现破损的痕迹、由错误的判断而发生新的破损、维修及修复措施不当等。

四、采用适当的维修措施

1. 建筑材料方面：

（1）由于建筑材料强度低、质量差、易老化而引起破损的，可采用更换材料的维修方法。

（2）建筑材料表面易脱落、风化及腐蚀的，可在该表面抹水泥浆或喷混凝土。

（3）由于材料冻裂的，特别是在洞口附近，需改善排水设施，尽可能将水引离结构，并且加强通风。

2. 设计方面：

（1）外力过大、结构强度偏低时，可考虑：更换高强度材料；增加锚杆，加受力铰以改变原来结构的受力形式；注浆加固以提高岩体的自承能力并减小作用在隧道结构上的围岩压力，并在注浆时考虑结构原来的排水形式及排水系统。

（2）隧道结构无仰拱，墙脚发生塑性位移时，若只加固支座地基效果不大，可考虑加钢锚杆或注浆以加强衬砌与围岩的连接，加固侧墙或增建仰拱。

3. 施工方面：

（1）施工不当而造成衬砌与岩体接触差时，可考虑注浆或填充方法，加强围岩与衬砌的连接以形成共同受力结构，减少松动。

（2）隧道结构由于局部施工引起的质量较差，可考虑更换。

4. 地质方面：

由于围岩体积变化或由于岩体松动及应力重分布而改变了原来的抗力作用时，可采用注浆填充空洞，并用钢锚杆加强隧道衬砌与围岩之间的接触，使它们共同受力。

5. 地下水方面：

（1）密封防水层局部破坏，可在渗水处插软管将水排出（排水沟，或增补局部阻水层将水路阻塞），不让地下水流进隧道内部。

（2）密封防水层被大面积破坏而不起密封作用时，通常无法恢复原来的密封层，只有考虑放弃原来密封层的作用，或在衬砌内表面重修防水层，或采用改善排水系统功能的方法将水汇流后排出洞外。

五、评价隧道结构安全性及稳定性

隧道衬砌除了由于各种原因导致破损外，还有一个自然老化的过程，即随着使用年限的增长，建筑材料慢慢地腐蚀、脱落、强度降低，从而使功能逐步衰退、下降。

隧道在运营保养阶段，除了对破损要进行及时修复外，还要对修复的效果及隧道的安全性、稳定性给予正确评价。如果隧道破损后，修复效果不好，破损范围不断发展及扩大，并有塌方或失稳的危险时，则需临时停止隧道的运营使用。当对隧道综合评价的结果证明隧道已无法正常运营使用，并无法或不值修复时，则认为隧道已达寿命年限。

1. 隧道结构的评价：

包括对衬砌结构的刚度及变形状态、材料强度及变形性、仰拱及基底效应等进行评价。

2. 围岩状态的评价：

包括对隧道衬砌与围岩的接触状态、松动区的大小及形状、作用于隧道衬砌上的压力、抗力效应、静水及附加压力、岩石的力学性能等进行评价。

根据隧道结构的评价和围岩状态的评价结果，可对隧道结构进行静力学计算分析，必要时可做动力学分析，进行截面的强度检算，评价隧道的安全及稳定性。

通过对旧隧道综合状态的评价，可以确定维修的必要性及相应的维修及加固方法。

实训二　隧道水害及其防治

一、隧道水害的主要类型及危害

隧道水害是指在隧道修建和运营过程中遇到水的干扰和危害，是最常见的隧道病害。其主要指运营隧道水害，即围岩的地下水和地表水直接或间接地以渗漏或涌出的形式进入隧道内造成的危害。隧道水害主要类型有隧道漏水、涌水，衬砌周围积水，潜流冲刷等。

（一）隧道渗漏水的影响和危害

隧道渗漏水对隧道稳定、洞内设施、行车安全、地面建筑和隧道周围水环境产生诸多不良影响甚至威胁。

（1）渗漏水促使混凝土衬砌风化、剥蚀，造成衬砌结构破坏；渗漏水还会软化围岩，引起围岩变形，有些隧道渗漏水中含有侵蚀性介质，造成一般的衬砌混凝土和衬砌砂浆腐蚀损坏，使衬砌的承载能力下降；在寒冷和严寒地区，隧道漏水会造成边墙结冰、拱部挂冰，侵入隧道建筑限界时，还会造成衬砌冻胀裂损。

（2）渗漏水加快内部设备（通信、照明、钢轨等）锈蚀，影响设备的正常使用，缩短线路设备使用寿命，增加维修费用。

（3）水害引发路基下沉、基底裂损、翻浆冒泥等病害，导致铁路线路轨距、水平变形超限，冻胀引发洞内线路起伏不平以及洞内漏水潮湿降低轮轨黏着力，均会影响行车安全；水害使电绝缘失效、短路、跳闸，影响安全运营，引发漏电伤人事故；少数隧道，暴雨后隧道铺底破损涌水，造成淹没轨道、冲空道床，影响行车安全。

（4）严重渗漏水引发地面和地面建筑物的不均匀沉降和破坏。

（5）隧道渗漏造成地表水和含水层水大量流失，破坏周围水环境，造成环境破坏。

（二）衬砌周围积水的影响和危害

（1）水压较大时导致衬砌破裂。

（2）围岩浸水软化，承载力降低，对衬砌压力加大，导致衬砌破裂。

（3）膨胀性围岩体积膨胀，导致衬砌破裂。

（4）寒冷地区引发冻胀病害。

（三）潜流冲刷的影响和危害

（1）衬砌基础下沉，边墙开裂或仰拱、整体道床下沉开裂。

（2）围岩滑移错动导致衬砌变形开裂。

（3）超挖围岩回填不实或未全部回填，引起围岩坍塌，导致衬砌破坏。

二、隧道水害的成因

修建隧道，破坏了山体原始的水系统平衡，隧道成为所穿过山体附近地下水集聚的通道。当隧道围岩与含水地层连通，而衬砌的防水及排水设施、方法不完善时，就必然要发生隧道水害。隧道水害的成因也可归纳为客观和主观两种因素。

（1）隧道穿过含水的地层：

主要包括沙土类和漂卵石类土含水地层；节理、裂隙发育，含裂隙水的岩层；石灰岩、白云岩等可溶性地层。

当有充水的溶槽、溶洞或暗河等与隧道相连通时，在浅埋隧道地段，地表水可沿覆盖层的裂隙、孔洞渗透到隧道内。

（2）隧道衬砌防水及排水设施不完善：

主要有原建隧道衬砌防水、排水设施不全；混凝土衬砌施工质量差，蜂窝、孔隙、裂缝多，自身防水能力差；防水层（内贴式、外贴式或中间夹层）施工质量不良或材质耐久性差，经使用数年后失效；混凝土的工作缝、伸缩缝、沉降缝等未做好防水处理。

三、隧道防水原则

隧道防水要"防患于未然"，首先从设计做起，要在水文地质调查的基础上，从工程规划、结构设计、材料选择、施工工艺等方面进行合理设计。防水设计应考虑地表水、地下水、毛细管水等的作用，以及由于人为因素引起的附近水文地质改变的影响。防水设计要遵循隧道防水原则，定级准确、方案可靠、施工简便、经济合理。

隧道与地下工程防水设计内容包括：

（1）防水等级和防水方案。

（2）防水混凝土的抗渗等级和其他技术措施、质量保证措施。

（3）其他防水层选用的材料及其技术指标、质量保证措施。

（4）工程细部结构的防水措施，选用的材料及其技术指标、质量保证措施。

（5）工程的防排水系统，地面挡水、截水系统及其工程各种洞口的防倒灌措施。

不同防水观念的优缺点对比及地下工程防水方案见下二表。

不同防水观念优缺点对比表

技术措施	优点	缺点
以防为主	水害少	成本高，施工复杂
以排为主	工程简单，投资节约	水害多，发展快，影响行车安全，洞顶地表水枯竭，地表土坍塌、下沉

地下工程防水方案

工程部位 防水措施		主体				内衬砌施工缝					内衬砌变形缝、沉降缝				
		复合式衬砌	高壁式衬砌、衬套	贴壁式衬砌	喷射混凝土	外贴式止水带	遇水膨胀止水带	防水嵌缝材料	中埋式止水带	外涂防水材料	中埋式止水带	外贴式止水带	可卸式止水带	防水嵌缝材料	遇水膨胀止水带
防水等级	一级	应选择1种			—	应选择2种				应选	应选择2种				
	二级	应选择1种				应选择1~2种				应选	应选择1~2种				
	三级	—		应选择1种		应选择1~2种				应选	直选1种				
	四级	—		应选择1种		直选1种				应选	直选1种				

四、运营隧道水害整治措施

隧道漏水应在周密调查、弄清水源和既有衬砌防排水设备现状的基础上，根据隧道的具体情况，因地制宜地贯彻"截、排、堵"相结合，综合整治的原则，力求达到建立完善的隧道防排水系统，使用的材料安全而耐久，工艺先进，质量可靠，方便维修，经济合理的目的。

环境水有侵蚀性时，应采取可靠的抗侵蚀措施。

在寒冷、严寒地区，应防止冬季水流冻结造成衬砌和轨道冻胀及电力牵引区段挂冰、放电危及行车和人身安全。

1. 适当疏排。

对地表水丰富的浅埋隧道，当地表沟谷坑洼积水、渗水对隧道有影响时，用疏导积水、填平沟谷、砌沟排水等措施，使洞顶地表形成良好的排水系统，不使洞顶的地表水流入或渗入隧道。洞口仰坡边缘周围设截水沟和排水沟，并保持良好的状态。

对地下水丰富，隧道内无排水沟或排水沟不足而导致隧底积水的，应增设排水沟。将单侧沟改为双侧沟，加深侧沟或采取设置密井暗管加深水沟措施。既有隧道侧沟沟底低于基床地面以上，排水沟只能排除基底以上衬砌的渗漏水，隧道底部的地下水排不出去，集聚在基底以下，在列车荷载作用下基底软化，沟墙开裂或倾倒，铺底或仰拱破碎，道床翻浆。实践证明，消除这一病害的有效方法是将侧沟加深至轨面以下 1.5 m 左右，排除基底以下的积水，以保持隧底干燥和稳定。

增设或疏通平行导洞。长大隧道中，当仅靠隧道内的排水沟不能将流入隧道的地表水及地下水排出时，往往引起水漫道床，中断行车。

2. 注浆堵水。

对注浆材料总的要求是：可灌性好；凝结时间可控制，固化最好是突变的；固化体强度高、抗渗性能好、黏结力强、微膨胀、耐久性好；材料来源广，价格便宜；施工工艺简单，无毒，对环境影响小。

向衬砌背后围岩或回填层注浆。一般使用普通水泥净浆或砂浆。普通水泥净浆或砂浆原料丰富，价格低廉，且结硬强度高，耐久性好；但是普通水泥浆初凝时间长，且难以准确控制，易造成浆液流失，同时早期强度低，强度增长慢，易沉淀析水。因此使用时必须加入速凝剂、膨胀剂、减水剂等使普通水泥浆具有快凝、早强、微膨胀的性能。

3. 增设内防水层。

新建隧道衬砌防水一般采用防水混凝土或外贴式防水层。然而运营隧道发生水害，增设外贴式防水层几乎不可能，因此通常增设内防水层。内防水层虽然不能阻止水流进入衬砌，但可阻止水流进入隧道。当水停止在衬砌内流动，衬砌内的孔洞可能因碳酸钙沉积而有一定程度的愈合。

设内防水层是比较经济的。增设内防水层的方式有三种：一种是涂刷；一种是刮压；一种是喷涂。

实训三　隧道衬砌裂损与其防治

铁路隧道衬砌，是承受山岭地层压力、防止围岩变形塌落的工程建筑物。地层压力的大小，主要取决于工程地质、水文地质条件和围岩的物理力学特性，同时与施工方法、支护衬砌是否及时和工程质量的好坏等因素有关。

由于地层压力（含原始地应力场和地下水）作用、温度和收缩应力作用、围岩膨胀性或冻胀性压力作用、腐蚀性介质作用、原建施工中人为因素等的影响，衬砌结构物产生裂纹变形，影响到隧道的正常使用，统称为隧道衬砌裂损病害。

一、隧道衬砌裂损类型及主要危害

1. 衬砌裂损类型。

衬砌裂损的类型主要有：衬砌开裂、衬砌变形、衬砌腐蚀破坏、衬砌背后空洞、仰拱破碎、道床下沉、翻浆冒泥等。

2. 隧道衬砌裂损的主要危害。

隧道衬砌裂损是隧道病害的主要形式，其主要危害有：

（1）降低衬砌结构对围岩的承载能力。

（2）使隧道净空变小，侵入建筑限界，影响行车安全。

（3）拱部衬砌掉块，影响行车和人身安全。

（4）裂缝漏水，造成钢轨扣件锈蚀，道床翻浆，在严寒和寒冷地区会产生冻害。

（5）铺底和仰拱破损，基床翻浆、线路变形、危及行车安全，被迫降低列车运行速度，大量增加养护维修工作量。

在运营条件下对裂损衬砌进行大修整治，施工和运输互相干扰，费用较大。

二、隧道衬砌裂损原因调查

隧道衬砌裂损既有外力造成的原因，也有衬砌结构内部原因。外因包括隧道围岩松弛、偏压、承载力不足、地层下沉、地震荷载和膨胀性土压等，内因有衬砌材料劣化、施工不当、设计缺陷等。衬砌裂损是多方面原因共同联合并且反复作用的结果。衬砌裂损原因如下图所示。

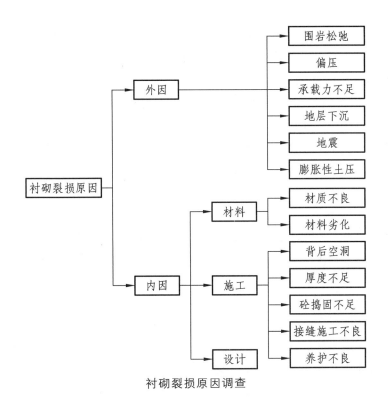

衬砌裂损原因调查

1. 围岩松弛引起隧道裂损

松弛地压由于围岩自然松弛，无法支持围岩自重而作用在衬砌上的荷载，以垂直压力为主。隧道拱顶处在该压力下沿纵向多产生张开性的裂纹。

围岩松弛地压在各种围岩中表现为：在硬岩中，岩层节理面受到常年风化，结合力降低；在软岩、砂土中，因干湿和冻融反复导致围岩松弛；在软岩和黏性土中，因地下水增加使围岩黏结力降低。

2. 偏压引起隧道裂损。

隧道衬砌作用的围岩压力显著不对称导致衬砌裂损，一般多发生在斜坡地形处。

洞口的偏压衬砌强度不足、填压土不足、隧道无仰拱以及地表水渗透使土压增加都会导致隧道偏压。从地质因素来说，岩堆地、崩塌地、滑坡地带、河流冲击地带、软岩、强风化地带、硬岩倾斜节理以及断层和岩石破碎带都容易产生隧道衬砌裂损；从人为因素来说，施工中崩塌处回填不足是导致偏压发生裂损的重要原因。

3. 膨胀性土压引起隧道裂损。

膨胀性土压是指膨胀性土挤压围岩使隧道净空缩小而作用于衬砌和支护结构上的土压。这主要由于风化围岩或黏粒成分主要由强亲水性矿物质组成，并且含有具有显著膨胀性的黏性土，体积膨胀引起土压力增大。

隧道的开挖改变了隧道周边的地层应力状态，当围岩强度小于埋深压力或强度劣化显著时，隧道周边的塑性区会扩大，使得作用在衬砌上的围岩压力增加。另外，隧道经过长期使用，会产生一些构造上的缺陷，比如衬砌背后的空洞，也会扩大隧道的塑性区，增大膨胀土压，引起衬砌结构的裂损。

4. 承载力不足引起隧道裂损。

隧道边墙底脚承载力不足会造成隧道不均匀沉降，常见于风化变质围岩和倾斜地形的隧道，而且隧道产生的变异会进一步加速不均匀下沉。

造成承载力不足的主要原因有：土压力增加、围岩劣化、塑性区扩张到边墙底部、围岩含水量增加、寒冷地区围岩的冻结与解冻作用、边墙底部支持面积不足、基础深度不足等。

5. 地层下沉引起隧道裂损。

地层下沉大多是由地下空洞形成，这种空洞有自然因素造成的，比如溶洞，也有人为因素造成的，比如地下采矿。地层下沉导致隧道在纵向方向发生曲折，并产生环向裂缝。地下空洞不仅造成隧道本身下沉，隧道周围的结构物也会受到影响。

6. 地震引起隧道裂损。

地震对围岩地质条件较差的隧道造成影响，这类围岩容易发生坡体滑动、崩塌、断层错动，且隧道本身已经发生的或潜在的缺陷会加剧隧道衬砌裂损。地震灾害的严重程度不仅与地震规模、距震中的距离有关，而且与隧道本身的弱点密切相关。

三、隧道衬砌裂损的预防和整治措施

1. 预防措施。

加强地质勘探工作，为隧道衬砌结构设计提供准确的工程地质和水文条件资料。采用开挖面超前钻探等方法，加强施工中的地质复查核实工作，正确选择施工方法和衬砌断面。对不良地质地段衬砌，应贯彻"宁强勿弱，宁曲勿直，加强衬砌过渡段宁长勿短"的设计原则。

采用先进的施工技术设备，尽量减少施工对围岩的扰动，提高衬砌质量。对隧道拱部应大力推广光面爆破，锚喷支护，提高喷混凝土永久性衬砌的抗裂、抗渗性能。

2. 整治措施。

在运营条件下对隧道衬砌裂损病害的整治原则：应加强观测，掌握裂纹变形情况和地质资料，查清病害原因的基础上，对不同裂损地段，采用不同的工程措施，注意对衬砌漏水、腐蚀等病害，一并综合进行整治，贯彻彻底整治的原则，达到稳定围岩，加强衬砌，确保运营安全的目的；合理安排施工慢行封锁计划，尽量减少对正常运营的干扰；精心测量，保证加固后的隧道净空满足隧道限界的要求；精心施工，确保锚喷加固衬砌、拱部压浆等整治措施的施工质量。

小裂缝又无渗水时，可用水泥浆嵌补，或先凿槽后用 1∶1 水泥砂浆或环氧树脂砂浆涂抹，为防止砂浆固结收缩，可在制备砂浆时加入 10%～17% 的膨胀剂；裂损严重，拱圈有多道裂缝，部分失去承载能力时，原则上应拆除重建，一般可用锚网喷或喷射早强钢纤维混凝土处理；开裂严重，但拱圈基本形状无较大变形时，可采用素喷或网喷混凝土整治。

对严重裂损变形的隧道衬砌，为了保证行车安全和隧道的正常使用，应有计划地进行整治加固。以往的临时加固措施和施工安全防护措施，常使用钢拱架支护，当隧道净空足够时，可在衬砌内边架设；净空不富裕时，采用凿槽嵌入衬砌。作为永久性加固措施，在净空富裕时，过去常采用在隧道内增设钢筋混凝土套拱加固的方法；当衬砌严重裂损变形陷入隧道建筑限界的地段，则采用更换衬砌的办法整治。但套拱与更换衬砌的办法，都具有施工进度慢、劳动强度大、工程费用高、行车干扰大等缺点。特别是爆破拆除旧衬砌时，不可避免地要对围岩产生再一次扰动，导致地层压力进一步增大，塌方断道事故时有发生，不仅增加工程处理难度，而且严重干扰正常运营。

锚喷加固裂损，喷层与原衬砌之间具有紧密黏结能力，使新旧拱形成刚度更大的组合拱结构，可以恢复和提高原衬砌的承载能力；布设了钢筋网后，大大提高了组合拱结构的抗裂性和抗剪强度，因而可大幅度地提高衬砌的承载能力。锚喷加固衬砌新技术比套拱、换拱的旧方法，还具有施工进度快、劳动强度小、工程费用低、行车干扰少、安全可靠性能高等优点。

研究试验结果，对既有线模筑混凝土隧道衬砌三心圆尖拱式断面常见的"马鞍式"不利荷载组合（即拱腰承受较大的地层压力，而拱顶空载情况），在采用钢筋网喷射混凝土加固裂损衬砌的同时，还需要对拱背空隙压浆回填，以增加拱顶抗力，改善衬砌结构外部的受力条件，这也是提高既有隧道衬砌结构承载能力的重要措施。

喷射早强钢纤维混凝土，具有早期强度特别高、抗裂、抗震、抗渗、抗硫酸盐腐蚀性能好等优点，特别适用于运营隧道铁路桥隧建筑物抢修工程、抗震加固和电化前隧道拱顶裂损、漏水的综合整治，对运营隧道裂损、腐蚀病害的综合整治也是适用的技术。

压浆填充拱背空隙，是改善衬砌受力状态，提高衬砌承载能力的一项必要措施。隧道压浆耗费水泥量较大，为了节省水泥和投资，可采用水泥粉煤灰砂浆、水泥沸石粉砂浆、水泥核土砂浆等可灌性好、抗渗性、耐腐蚀性较好的廉价材料。

改建侧沟、更换铺底，易风化、泥化的泥质岩类隧道，排水不畅，铺底容易损坏，产生翻浆冒泥病害，是运营隧道线路常见的一种病害，一般采用改建加深侧沟或增建深侧沟、更换铺底的方法整治。当为黏土质泥岩或为有膨胀特性的页岩时，宜增设仰拱，以防止边墙下沉、内移和隧底隆起。

换拱、换边墙，一般情况下不宜采用。隧道承载力模型试验证明，开裂的衬砌仍然具有一定的承载能力。即使是严重裂损错台，并局部侵限的衬砌，在钢拱架的临时支护下，可采用凿除其侵限部分，加强网喷的办法来恢复和提高承载能力。只有在衬砌严重变形，其断面大部分侵入建筑限界，必须拆除扩大限界的情况下，才采用更换衬砌的整治方法。

实训四　隧道冻害与其防治

隧道冻害是寒冷地区和严寒地区的隧道内水流和围岩积水冻结，引起隧道拱部挂冰、边墙结冰、洞内网线设备挂冰、围岩冻胀、衬砌胀裂、隧底冰堆、水沟冰塞、线路冻起等，影响隧道安全运营和建筑物正常使用的各种病害。

一、隧道冻害种类及其危害

（1）拱部挂冰、边墙结冰。

隧道漏水冻结，在拱部形成冰挂，不断增长变粗；在边墙形成冰柱，多条相近的冰柱连成冰侧墙，如不及时清除，挂冰、冰柱和冰侧墙侵入限界，会对行车安全造成严重危害。

（2）衬砌发生冰楔。

隧道衬砌背后与围岩之间若有空隙，则渗透岩层的地下水就会在排水不通畅时积在衬砌与围岩之间结冰冻胀，产生冰冻压力，再传递给衬砌。慢慢发展，常年积累冰冻的压力像楔子似的，使衬砌发生破碎、断裂、掉块现象。

（3）围岩冻胀破坏。

Ⅵ～Ⅳ级围岩和风化破碎、裂隙发育的Ⅲ级围岩，在隧道冻结圈范围内含水量达到起始冻胀含水量及以上，并在水分迁移和聚冰作用的条件下，围岩产生强烈的冻胀。这时，抗冻能力差的直墙式衬砌产生变形，限界缩小，衬砌裂损；洞门墙和翼墙前倾裂损；洞口仰拱坍塌。

（4）洞内网线挂冰。

隧道漏水落在铁路电力牵引区段的接触网和电力、通信、信号架线上结冰。如不及时除掉，会坠断网线，使接触网短路、放电、跳闸，中断信号、通信，危及行车和人身安全。

二、隧道冻害成因

（1）寒冷气温的作用。

隧道冻害与所在地区的气温（低于 0° 或正负交替）有直接关系。

（2）季节冻结圈的形成。

沿衬砌周围各最大冻结深度连成的一个圈叫作季节冻结圈。当衬砌周围超挖尺寸大小不等，超挖回填用料不当及回填密实不够产生积水时，则形成冻结圈。

在严寒冬季，较长的隧道两端各有一段长度能形成冻结圈，叫作季节冻结段。中部的一段，因不会形成季节冻结圈，叫作不冻结段。隧道两端冻结段长度不一定相等。同一座隧道内季节冻结段的长度恒小于洞内季节负温段的长度。

隧道的排水设备如埋在冻结圈内，冬季易发生冰塞。在冻结圈范围内的岩土，由于受到强烈、频繁的冻融破坏，风化破碎程度与日俱增，也是冻害成因之一。

（3）围岩的岩性对冻胀的影响。

隧道的季节冻结圈内如果是非冻胀土，就不会发生冻胀性病害。冻结圈内冻土的分布情况决定了发生冻害的部位。如果隧道围岩全是冻胀性土且分布均匀，则冻胀沿衬砌外围对称均匀分布；如果是冻胀性土与非冻胀性土成层状分布，就可能出现冻胀部位不对称和非均匀分布。

（4）隧道设计和施工的影响。

隧道在设计和施工时，对防冻问题没有考虑或考虑不周，造成衬砌防水能力不足，洞内排水设施埋深不够，治水措施不当，加上施工单位未能按规范认真施工等，都会造成和加重运营阶段隧道的冻害。

三、隧道冻害的防治措施

严寒及寒冷地区隧道冻害的防治，其基本措施是综合治水、更换土壤、保温防冻、结构加强、防止融坍等，可根据实际情况综合运用。

1. 综合治水。

隧道冻害形成主要的原因就是水和低温，这二者共同作用是产生冻害的直接原因，因此冻害的治理最关键的还是要解决好水的治理。如果能将衬砌、围岩和隧道中的积水及时排到洞外，没有积水温度再低也不会出现冰冻和冻胀力等，因此治水是防止冻害的最基本措施。它的主要内容包括以下两个方面：

（1）对有冻害的地段增设或改进防排水措施，使衬砌背后无积水。提高排水设施的防冻保温，防止因气温过低导致管道堵塞。常用的排水设施有双侧保温水沟、中心埋深水沟、防寒泄水洞等。

（2）提高衬砌抗冻能力。在混凝土拌合物中加入引气剂，在混凝土内部产生大量密闭、稳定的小气泡，从而提高混凝土抗渗能力，减少内部含水量，还能提高混凝土抵抗变形的能力。

2. 更换或改造土壤。

更换土壤实质就是把冻胀性土改造为非冻胀性土，对冻结范围内的围岩进行更换或改造，从而使水不能留在围岩之中，在寒冷季节由于土和围岩的排水性较好，没有过多的积水从而不会发生冻胀。理论换土厚度为：允许保留总冻胀量不大于允许值的冻胀土时，可取为冻深的 0.8～0.9 倍；若充分发挥排水设施的作用时，可降冻深的 0.7 倍。

3. 保温防冻。

保温防冻就是通过控制温度，使围岩中的水分达不到冰点，以达到防治冻害的目的。采用保温层时，防止衬砌周围用的类型主要是在隧道内加保温层，在消除隧道渗漏水的基础上，将隧道衬砌的内缘加筑形成季节冻结圈。现在常用的保温材料有：加气混凝土、浮石混凝土、泡沫混凝土等。保温衬层的四周应设防潮层，避免保温层受潮失效。体温层还能保持衬砌混凝土干燥。也可通过加设加热设施提高温度，使水无法达到结冰温度。

4. 设置弹性层。

弹性层可以缓冲和减弱水体结冰后对结构变形的影响。采用弹性垫层是一种简单、易于实施的冻害防治措施，可极大地降低冻融对隧道结构的破坏。

5. 围岩注浆措施。

在隧道地下水丰富区段以及常年都有地下水补给的地段多采用局部注浆的方法。浆液材料凝固后充满围岩的空隙，防止水通过裂缝流进衬砌和隧道，同时保护围岩稳定，减弱冻胀对围岩整体性的破坏。围岩注浆措施对于围岩中含水裂隙层和富水的破碎带效果明显，可以起到防止围岩渗水、提高堵水、增强隧道围岩稳定性和强度以及削弱冻胀力对围岩破坏的作用。

第五部分　安全管理

超前地质预报作业安全检查表

项目名称			
施工地点			
序号	检查项目	对应条文	检查情况
1	班前安全讲话	作业班组负责人在每班开工前，应进行班前安全讲话，向作业人员强调安全注意事项	
2	劳动佩戴	进入施工现场的所有人员，必须按规定佩戴相应的劳动防护用品	
3	作业环境	地质预报工作必须在隧道找顶作业结束后（高地应力区隧道应待工作面支护完成后）进行，开始工作前应观察操作空间上方、周围有无安全隐患，特别是钻探开挖工作面附近是否还有危石存在，确保预报人员的安全	
4	高空作业	超前地质预报当使用作业台架、高空升降车等设备时，设备应安设牢固，操作人员应遵守高处作业的有关规定	
5	设备及设施	采用钻探法预报时，钻孔作业应符合下列规定： 1 应编制钻孔作业规程，开钻前应进行安全技术交底； 2 应采用电机驱动的钻机，施工用电应由持证上岗的电工负责； 3 孔口管必须安设牢固； 4 钻机使用的高压风、高压水的各种连接部件应采用符合要求的高压配件，管路连接应安设牢固并经常检查； 5 钻孔时，钻机前方应安设挡板，除操作人员外其他人员禁止进入工作区域	
6	突泥、突水预防	在可能发生突水、突泥的地段，进行超前钻探时应符合下列规定： 1 在斜井和反坡地段施工，当其处于富水区时，超前钻探作业应做好钻孔突涌水处治的方案，确保人员与设备的安全； 2 必须安装孔口安全装置，并将孔口固定牢固，装上控制闸阀，进行耐压试验，达到要求后，方可钻进施工； 3 当地下水压力大于一定数值时，应在孔口管上焊接法兰盘，并用锚杆将法兰盘固定在岩壁上； 4 对软弱破碎带地层，应设置止浆墙； 5 钻探过程中发现岩壁松软、掉块或钻孔中的水压、水量突然增大，及有顶钻等异状时，须停止钻进，立即上报处理，并派人监测水情； 6 当发现情况危急时，必须立即撤出人员，然后采取措施进行处理	
7	加深炮孔探测	采用钻探法预报时，严禁在残孔内加深炮孔进行探测	
8	爆破法探测	采用地震波反射法预报时，使用的炸药量不得大于 75 g。炸药和雷管必须由持有爆破证的专人领取和操作，非专业人员严禁从事爆破作业	

检查方： 检查人（签名）： 　　年　月　日	被检查方： 接收人（签名）： 　　年　月　日

全断面法开挖作业安全检查表

项目名称			
施工地点			
序号	检查项目	对应条文	检查情况
1	班前安全讲话	作业班组负责人在每班开工前，应进行班前安全讲话，向作业人员强调安全注意事项	
2	劳动佩戴	进入施工现场的所有人员，必须按规定佩戴相应的劳动防护用品	
3	开挖作业平台安全防护措施	隧道开挖使用的作业台架应进行强度、刚度和稳定性检算，经验收合格后方可使用，台架四周必须设置安全防护栏杆	
4	现场开挖循环进尺、炸药用量	采用全断面法开挖隧道时，应控制一次同时起爆的炸药量，减少爆破振动对围岩的影响	
5	地质条件较差时，对围岩进行超前支护或预加固	在地质条件较差地段采用全断面法开挖隧道时，必须对围岩进行超前支护或预加固，并控制循环进尺	
6	地质条件变化后开挖方法及时变换	当隧道地质条件发生变化时，必须根据情况及时变换适宜的开挖方法	
7	爆破后机械找顶	隧道开挖爆破后应先采用机械进行找顶，然后用人工找顶	
8	两并行隧道开挖工作面之间的距离及防护措施	两座平行的隧道开挖时，其两个同向开挖工作面应保持合理的纵向距离；间距小的隧道，必须采取措施防止后行洞开挖对先行洞产生不良影响	
9	隧道贯通前的安全措施	隧道双向开挖接近贯通面时，两端施工应加强联系与统一指挥，当隧道两个开挖工作面距离接近 15 m 时，必须采取一端掘进另一端停止作业并撤走人员和机具的措施，同时在安全距离处设置禁止入内的警示标志	

检查方：　　　　　　　　　　　　　被检查方：

检查人（签名）：　　　　　　　　　接收人（签名）：

　　年　月　日　　　　　　　　　　　年　月　日

台阶法开挖作业安全检查表

项目名称			
施工地点			
序号	检查项目	对应条文	检查情况
1	班前安全讲话	作业班组负责人在每班开工前，应进行班前安全讲话，向作业人员强调安全注意事项	
2	劳动佩戴	进入施工现场的所有人员，必须按规定佩戴相应的劳动防护用品	
3	现场台阶长度和高度	采用台阶法开挖隧道时，应根据围岩条件，合理确定台阶长度和高度	
4	地质条件较差、工作面不稳定时，调整开挖进尺和采取加固措施	当围岩地质较差、开挖工作面不稳定时，应采用短进尺或上下台阶错开开挖或预留核心土措施，必要时采用喷射混凝土或玻璃纤维锚杆对开挖工作面进行加固	
5	控制围岩及初期支护变形的措施	当围岩地质较差、变形较大时，上部断面开挖后应立即施作锁脚锚管（杆）、扩大拱脚、临时仰拱等措施，控制围岩及初期支护变形量	
6	下台阶一次开挖长度	台阶下部断面一次开挖长度应与上部断面相同，不得超过 1.5 m	
7	下半断面开挖后初期支护及时施作	台阶下部开挖后，必须及时喷射混凝土进行封闭；当设有钢架时，必须及时安装下部钢架并喷射混凝土，严禁拱脚长时间悬空	
8	仰拱一次开挖长度及封闭	仰拱开挖应控制一次开挖长度，开挖后应立即施作初期支护，封闭成环	
9	开挖作业平台安全防护措施	隧道开挖使用的作业台架应进行强度、刚度和稳定性检算，经验收合格后方可使用，台架四周必须设置安全防护栏杆	
10	爆破后找顶	隧道找顶必须在通风后进行，并有专人指挥，照明应有充足的光照度；找顶后必须进行安全确认，合格后其他作业人员方可进入开挖工作面作业	

检查方：　　　　　　　　　　　　　　被检查方：
检查人（签名）：　　　　　　　　　　接收人（签名）：
　　年 月 日　　　　　　　　　　　　　年 月 日

隧道钻爆作业安全检查表

项目名称			
施工地点			
序号	检查项目	对应条文	检查情况
1	班前安全讲话	作业班组负责人在每班开工前，应进行班前安全讲话，向作业人员强调安全注意事项	
2	劳动佩戴	进入施工现场的所有人员，必须按规定佩戴相应的劳动防护用品	
3	开挖工作面安全状态 工作面照度	钻孔作业应符合下列规定： 1 钻孔前，必须由专人对开挖作业面安全状况和作业人员安全防护进行检查，及时消除各种安全隐患； 2 钻孔作业过程中，必须采用湿式钻孔，严禁在残孔中继续钻孔； 3 钻孔作业中应注意观察开挖工作面有无异常漏水、气体喷出、围岩变化等情况； 4 凿岩台车工作前，必须检查泵、空压机等，使其处于正常状态，应检查管路与接头无漏油、漏水和漏气现象，并确认各部操作杆、控制装置及仪表处于正常状态； 5 凿岩台车行走前，操作司机应查看凿岩台车周围，确认前后左右无人及障碍物后，按照引导人员的指示信号操作，行走时要平稳，避免紧急操作发生意外事故； 6 凿岩台车钻孔完成后应将其停放在安全场所； 7 在围岩地质复杂地段，应对凿岩台车重要部位采取加固措施和设置特殊的防护装置	
4	通风、降尘效果		
5	道路状况		
6	有害气体监测情况		
7	湿式钻孔，严禁在残孔中继续钻孔		
8	开挖工作面地质素描		
9	台车钻孔 凿岩台车工作前的机况检查		
10	凿岩台车工作前的机况检查		
11	凿岩台车停放场所		
12	凿岩台车重要部位防护		
13	装药作业 作业场所安全状态	装药作业应符合下列规定： 1 装药作业前，应对钻孔情况逐一检查，并检查开挖工作面的安全状况； 2 装药时应使用木质炮棍装药，严禁火种，无关人员与机具等应撤至安全地点，作业人员禁止穿戴化纤衣物； 3 使用电雷管时，装药前电灯及电线路应撤离开挖工作面，装药时应用投光灯、矿灯照明，开挖工作面不得有杂散电流； 4 严禁装药与钻孔平行作业； 5 装药作业完成后，必须及时清理现场、清点火工产品数量，剩余的炸药和雷管必须由领取炸药、雷管的人员退回库房	
14	作业人员不得带火源，不得穿化纤衣物、炮棍材质		
15	采用电起爆时，杂散电流、漏泄电流的测定情况		
16	严禁装药与钻孔平行作业		
17	装药完成后清点处理火工品		

序号	检查项目		对应条文	检查情况
18	爆破作业	爆破作业人员配置	爆破作业除应符合现行国家标准《爆破安全规程》GB 6722 的有关规定外，还应符合下列规定： 1 洞内爆破作业前，施工单位必须确定指挥人员、警戒人员、起爆人员，并确保统一指挥； 2 洞内爆破作业时，指挥人员应指挥所有人员、设备撤离至安全地点，警戒人员负责警戒工作，设置警示标志； 3 爆破时，爆破工应随身携带带有绝缘装置的手电筒； 4 洞内爆破后必须经充分通风排烟，15 min后安全检查人员方可进入开挖工作面，主要检查有无盲炮、有无残余炸药及雷管、顶板及两帮有无松动的岩块、支护有变形或开裂等，当发现盲炮、残余炸药及雷管时，必须由原爆破人员按规定处理	
19		爆破后通风、降尘情况		
20		爆破后开挖工作面找顶情况		

检查方： 被检查方：

检查人（签名）： 接收人（签名）：

　年　月　日 　　　　　　年　月　日

装渣与卸载作业安全检查表

项目名称			
施工地点			
序号	检查项目	对应条文	检查情况
1	班前安全讲话	作业班组负责人在每班开工前，应进行班前安全讲话，向作业人员强调安全注意事项	
2	劳动佩戴	进入施工现场的所有人员，必须按规定佩戴相应的劳动防护用品	
3	作业前环境	隧道爆破后应及时进行通风、照明、找顶和初喷混凝土等工作，确认工作面安全及通风、照明满足要求后，方可进行装渣作业	
4	作业区域防护	装渣作业应规定作业区域，严禁非作业人员进入	
5	配备专人指挥	装渣与卸渣作业应有专人指挥，作业场地的照明应满足作业人员安全操作的需要	
6	作业场所照明亮度		
7	装渣作业	装渣作业应遵守下列规定： 1 装渣机械作业时，其回转范围内不得有人通过； 2 装渣过程中，应注意观察开挖面围岩的稳定情况，发现松动岩石或有塌方征兆时，必须先处理再装渣； 3 装渣时发现渣堆中有残留的炸药、雷管应立即处理； 4 向运渣车辆中装渣时，应避免偏载、超载； 5 用扒渣机装渣时，若遇岩块卡堵，严禁用手直接搬动岩块，身体任何部位不得接触传送带； 6 机械装渣的辅助人员，应随时观察装渣和运输机械的运行情况，防止挤碰	
8	卸渣作业	卸渣作业应遵守下列规定： 1 卸渣场应按设计进行施工，满足安全作业及环境保护要求； 2 有轨运输卸渣场线路应设安全线并设置 1%～3% 的上坡道，卸渣码头应搭设牢固，并设有挂钩、栏杆及车挡防止溜车装置； 3 电瓶车牵引梭式矿车或渣车卸渣时，必须用铁楔将车轮两个方向楔紧，不得采用石渣或木条代替铁楔； 4 自卸汽车卸渣时，必须将车辆停稳制动，不得边卸渣边行驶，不得在坑洼、松软、倾斜的地面卸渣，卸渣后应及时使车厢复位，严禁举升车厢行驶	

检查方：　　　　　　　　　　　　被检查方：

检查人（签名）：　　　　　　　　接收人（签名）：

　　　　　年　月　日　　　　　　　　　　　年　月　日

无轨运输作业安全检查表

项目名称				
施工地点				
序号	检查项目		对应条文	检查情况
1	班前安全讲话		作业班组负责人在每班开工前，应进行班前安全讲话，向作业人员强调安全注意事项	
2	劳动佩戴		进入施工现场的所有人员，必须按规定佩戴相应的劳动防护用品	
3	运输计划及车辆管理		施工单位应根据施工安排编制运输计划，制定运输管理规定，加强运输调度，确保工程运输安全	
4	行车限界及警示标识（灯）		隧道施工运输路线的空间必须满足最小行车限界要求，并根据不同的运输方式，在洞口、台架、设备、设施等位置设置信号和标志予以警示	
5	车辆装载		运输车辆不准超载、超宽和超高运输，不得人货混装。 车辆行驶中应随时观察线路有无障碍和洞内其他设施、设备、临时支撑等有无侵入限界情况	
6	进出洞人员行走路线		进出隧道人员必须走人行道，不得与机械抢道。严禁扒车、追车或强行搭车	
7	道路养护		运输线路或道路应保持平整、畅通，并设专人按标准规定的要求进行维修和养护。线路或道路两侧的废渣和杂物应随时清除	
8	无轨运输	施工机械	无轨运输作业应遵守下列规定： 1 施工机械安全装置必须齐全有效，使用前及作业过程中应加强检查，按规定要求进行维修保养，保持机械状况良好与运输安全； 2 施工机械应采用带净化装置的柴油机械，严禁汽油机械进洞； 3 机械操作人员必须持证上岗，严格执行安全操作规程，严禁违章操作； 4 施工作业地段的行车速度不得大于 15km/h，成洞地段不得大于 25km/h； 5 隧道洞口、平交道口、狭窄的施工场地应设置慢行标志，必要时设专人指挥交通； 6 车辆接近或通过洞口、台架下、施工作业地段以及前方有障碍物时，司机必须减速瞭望并鸣笛示警； 7 在隧道内倒车或转向必须开灯鸣笛或有专人指挥	
9		内燃机械尾气净化		
10		作业人员持证		
11		操作规程执行		
12		车辆限速行驶		
13		危险场所警示标志		
14		危险场所专人指挥		
检查方： 检查人（签名）： 　年　月　日			被检查方： 接收人（签名）： 　年　月　日	

管棚和超前小导管作业安全检查表

项目名称			
施工地点			
序号	检查项目	对应条文号	检查情况
1	班前安全讲话	作业班组负责人在每班开工前,应进行班前安全讲话,向作业人员强调安全注意事项	
2	劳动佩戴	进入施工现场的所有人员,必须按规定佩戴相应的劳动防护用品	
3	施工照明	隧道支护施工作业面用电应符合临时用电的要求,其照明应满足安全作业的需要	
4	作业面危石清除	隧道支护每项工序施工前均应对作业面进行检查,清除松动的岩石和喷射混凝土块	
5	作业前初喷支护	隧道支护必须按初喷→架设钢架(钢筋网)、锚杆→复喷的程序施工。在爆破、找顶后,应立即初喷混凝土封闭围岩	
6	超前支护与初期支护连接	隧道支护施工质量必须达到有关标准规定的要求。超前支护应在完成开挖工作面的加固后进行,每循环之间应有足够的搭接长度与初期支护有效连接	
7	作业台架	施工作业台(支)架应按要求设计、检算与审核;台架应牢固可靠,四周应设置安全栏杆、安全网和上下工作梯,经验收合格后方可使用	
8	施工机具	管棚和小导管施工前应检查钻机、注浆机及配套设备、风水管等施工机具的安全性能,施工过程中应确保钻机稳定牢靠,注浆管接头及高压风水连接牢固	
9	专人安全观测	管棚和小导管施工过程中应指定专人负责对开挖工作面进行安全观测	
10	作业程序	管棚和小导管施工中应按作业程序和技术要求进行钻进、安装、注浆作业	
11	换管及顶进作业	管棚作业换钻杆及超前小导管作业顶进钢管时,应防止钻杆、钢管掉落伤人	
12	管棚起吊作业	管棚作业起吊钻杆及其他物件时,应指定专人指挥,统一口令,起吊范围内任何人不得进入	
13	特殊情况下隧道管棚作业	在水压较高的隧道进行管棚钻孔作业时,应选择适合较高水压的钻孔设备,钻孔设备应采取防突水突泥冲出的反推或栓锚措施;应安装满足水压要求的带止水阀门的孔口管,孔口管应安装牢固;作业时作业人员不应站立在孔口正面,且应远离孔口	
14	管棚作业过程的观察和记录	进行管棚施工时应记录钻机钻进的各项技术参数,观察钻渣排出和孔内出水的情况,并与超前地质预报的结果核对。出现异常时,应及时报告并进行处理	
15	管棚及小导管的运输	管棚和小导管在运输时应根据运输机械、洞内临时存放场地大小、各类作业台架腹下净空限界确定运输长度和重量	
16	管棚及小导管的存放	管棚和小导管在作业平台上临时存放时,应根据平台设计荷载及安全性能检算结果确定存放数量和高度,同时应有防止其滚落、滑下的防护措施。在洞内空地堆放时除应采取防止其滚落的措施外,还应设置醒目的安全警示标志	
检查方: 检查人(签名): 年 月 日		被检查方: 接收人(签名): 年 月 日	

预注浆作业安全检查记录表

项目名称			
施工地点			
序号	检查项目	对应条文	检查情况
1	班前安全讲话	作业班组负责人在每班开工前,应进行班前安全讲话,向作业人员强调安全注意事项	
2	劳动佩戴	进入施工现场的所有人员,必须按规定佩戴相应的劳动防护用品	
3	作业台架	施工作业台(支)架应按要求设计、检算与审核;台架应牢固可靠,四周应设置安全栏杆、安全网和上下工作梯,经验收合格后方可使用	
4	注浆压力、注浆管接头	预注浆必须安装流量计和压力表,严禁注浆压力超过注浆管和止浆设施的最大额定值。注浆管接头应连接牢固,防止爆管伤人	
5	作业过程安全观测	预注浆过程中应安排专人对其影响范围内的围岩和结构进行观察和量测,防止因注浆压力过大而引起围岩失稳和结构损坏	
6	帷幕注浆	帷幕注浆应有单项设计,明确注浆孔布置、注浆顺序、注浆方式、注浆压力、注浆量等参数,并应检算止浆墙或止水岩盘的抗压能力。进行帷幕注浆前,应对后方已开挖地段一定范围内采取锚喷或混凝土加固措施,并检查止浆墙或止水岩盘及已开挖段的抗渗情况	

检查方:　　　　　　　　　　　　　被检查方:
检查人(签名):　　　　　　　　　　接收人(签名):
　　　　年　月　日　　　　　　　　　　　年　月　日

喷射混凝土作业安全检查记录表

项目名称			
施工地点			
序号	检查项目	对应条文	检查情况
1	班前安全讲话	作业班组负责人在每班开工前,应进行班前安全讲话,向作业人员强调安全注意事项	
2	劳动佩戴	进入施工现场的所有人员,必须按规定佩戴相应的劳动防护用品	
3	作业台架安全性能	施工作业台(支)架应按要求设计、检算与审核;台架应牢固可靠,四周应设置安全栏杆、安全网和上下工作梯,经验收合格后方可使用	
4	临时用电及照明	隧道支护施工作业面用电应符合临时用电的要求,其照明应满足安全作业的需要	
5	工作面安全状态确认	喷射混凝土作业前应清除工作面松动的岩石,确认作业区无塌方、落石等危险源存在	
6	作业区安全防护	非施工人员不得进入正在进行喷射混凝土的作业区,施工中喷嘴前严禁站人	
7	输料管堵塞或爆管	喷射混凝土作业中如发生输料管路堵塞或爆裂时,必须依次停止投料、送水和供风	
8	输料管路的经常性检查	喷射混凝土施工中应经常检查输料管、接头的使用情况,当有磨损、击穿或松脱时应及时处理	
9	有水地段作业	在有水地段喷射混凝土前应对渗漏水进行处理,应将分散的渗水集中引出,严禁采用防水布或铁皮等遮盖材料大面积引水,造成喷射混凝土与岩面分离。喷射混凝土中采用特殊添加材料在有水地段直接作业时,应先进行试验,满足要求后方可推广使用	

检查方:　　　　　　　　　　　　　被检查方:
检查人(签名):　　　　　　　　　接收人(签名):
　　年　月　日　　　　　　　　　　　　年　月　日

锚杆作业安全检查表

项目名称			
施工地点			
序号	检查项目	对应条文	检查情况
1	班前安全讲话	作业班组负责人在每班开工前，应进行班前安全讲话，向作业人员强调安全注意事项	
2	劳动佩戴	进入施工现场的所有人员，必须按规定佩戴相应的劳动防护用品	
3	作业台架安全性能	施工作业台（支）架应按要求设计、检算与审核；台架应牢固可靠，四周应设置安全栏杆、安全网和上下工作梯，经验收合格后方可使用	
4	锚杆的设置及调整	锚杆的设置应沿隧道轮廓法线方向，倾斜岩层应与岩面或围岩主要节理面垂直。锚杆施工时应根据锚杆设置及围岩实际情况及时调整锚孔角度及采用合适的钻杆和钻进方法	
5	锚杆钻进	锚孔钻进作业时，应保持钻机及作业平台稳定牢靠，除钻机操作人员外还应安排至少一人协助作业，作业人员均应佩戴安全带、安全帽、防护眼罩等防护用品	
6	各型锚杆共同注意事项	锚杆的类型、规格和质量必须符合国家现行标准的规定，中空锚杆的性能指标应符合《中空锚杆技术条件》TB/T 3209 的规定。隧道拱部不应采用从杆体中空孔进浆的普通中空锚杆。各种锚杆必须上垫板、带螺帽，垫板与锚杆间不应采用焊接连接；垫板应紧贴孔口混凝土，并随时检查锚杆头的变形情况，及时紧固垫板螺帽	
7	特殊地层加固锚杆施工	在围岩破碎、自稳时间短、地应力较大地段，应采用早强砂浆锚杆或早强中空注浆锚杆，亦可采取增加锚杆数量、选用高强锚杆、加大锚杆长度和直径、加大钻孔直径、提高黏结材料的黏结性能等措施	
8	锚杆饱满度或预应力	全长黏结型锚杆应抽查锚杆的砂浆饱满度；预应力锚杆应抽查预应力施加情况	
9	锚杆安设后的状态	锚杆安设后不得随意敲击，其端部在锚固材料终凝前不得悬挂重物	

检查方： 被检查方：
检查人（签名）： 接收人（签名）：
　年　月　日 　年　月　日

钢架作业安全检查表

项目名称			
施工地点			
序号	检查项目	对应条文	检查情况
1	班前安全讲话	作业班组负责人在每班开工前，应进行班前安全讲话，向作业人员强调安全注意事项	
2	劳动佩戴	进入施工现场的所有人员，必须按规定佩戴相应的劳动防护用品	
3	台架安全性能	施工作业台（支）架应按要求设计、检算与审核；台架应牢固可靠，四周应设置安全栏杆、安全网和上下工作梯，经验收合格后方可使用	
4	钢架制作	型钢钢架应采用冷弯工艺加工，严禁采取气割、烧割等损伤母材的弯制办法；格栅钢架应采用胎膜焊接；所有部件连接应焊接牢固；加工的成品经验收合格方可使用	
5	钢架搬运	隧道内搬运钢架应装载牢固，固定可靠，防止发生碰撞和掉落	
6	钢架提升	钢架提升设备应有足够能力，埋设吊点应牢固。架设钢架时应采取防护措施，不得利用装载机作为钢架安装作业平台	
7	钢架连接及安装	钢架节段及钢架之间应及时连接牢固，防止倾倒，钢架背后的空隙必须用喷射混凝土充填密实，严禁背后填充片石等其他材料；钢架安装完成后应及时施作锁脚锚杆（管），并与之连接牢固，钢架底脚严禁悬空或置于虚渣上	
8	钢架接长	采用分部法开挖的隧道，下部开挖后钢架应及时接长、落底，严禁钢架底脚悬空以及两侧同时开挖接长，且应根据围岩情况控制开挖长度，底脚应增设锁脚锚杆（管）	
9	钢架的垂直度	钢架的垂直度必须控制，不符合要求的钢架应返工重做	
10	钢架更换处理	当钢架侵入限界需要更换时，应采取逐榀更换、先立新钢架后拆除废钢架的方法，严禁先拆废钢架后立新钢架或同时更换相邻的多榀钢架	

检查方：　　　　　　　　　　　　　　　被检查方：

检查人（签名）：　　　　　　　　　　　接收人（签名）：

　　　年　月　日　　　　　　　　　　　　　年　月　日

衬砌台车施工作业安全检查表

项目名称			
施工地点			
序号	检查项目	对应条文	检查情况
1	班前安全讲话	作业班组负责人在每班开工前,应进行班前安全讲话,向作业人员强调安全注意事项	
2	劳动佩戴	进入施工现场的所有人员,必须按规定佩戴相应的劳动防护用品	
3	工作面照明	衬砌施工作业面用电应符合临时用电的要求,其照明应满足安全作业的需要	
4	设备绝缘	衬砌作业台架应有足够的强度、刚度和稳定性,衬砌台车、台架组装调试完成应经验收合格方可投入使用	
5	台车安全性能	衬砌作业台架应有足够的强度、刚度和稳定性,衬砌台车、台架组装调试完成应经验收合格方可投入使用	
6	台车移动	衬砌作业台架、仰拱施工栈桥的移动,应有专人指挥,慢速移位,工作区严禁非作业人员和车辆通行、停留;非作业人员、设备、材料、工器具等应撤离到安全地点	
7	衬砌台车安全防护设施	衬砌作业台架、作业平台四周应设置安全栏杆、密闭式安全网、人员上下工作梯,衬砌台车及防水板施工作业台架还应配置灭火器,经验收合格方可投入使用	
8	台车组装、拆卸作业环境	衬砌台车的组装、拆卸应在洞外宽敞、平坦、坚实的场地上进行;当条件限制,必须在洞内组装、拆卸时,应选在围岩条件较好和洞身较宽阔的地段进行	
9	台车吊装及拆卸作业	埋设衬砌台车各类吊点、吊具应牢固可靠;组装、拆卸的吊装作业应符合起重作业要求	
10	台车安全性能测试	衬砌台车组装完毕后,应由专业人员检查台车各部件连接情况,确保各部件连接牢固可靠,支撑系统、驱动系统应进行调试,经调试合格后方可投入使用	
11	台车就位后的状态	衬砌台车就位后,应按规定设置防溜车装置,按设计高程及中线调整台车支撑系统,液压支撑应有锁定装置	
12	台车支撑系统安全性能	使用衬砌台车进行混凝土作业时应安排专人检查台车支撑系统安全性能	

检查方:　　　　　　　　　　　　　被检查方:

检查人（签名）:　　　　　　　　　接收人（签名）:

　　年　月　日　　　　　　　　　　　年　月　日

防水板作业安全检查表

项目名称			
施工地点			
序号	检查项目	对应条文	检查情况
1	班前安全讲话	作业班组负责人在每班开工前,应进行班前安全讲话,向作业人员强调安全注意事项	
2	劳动佩戴	进入施工现场的所有人员,必须按规定佩戴相应的劳动防护用品	
3	工作面照明	衬砌施工作业面用电应符合临时用电的要求,其照明应满足安全作业的需要	
4	设备绝缘	衬砌作业台架、作业平台上的各类用电设备应有绝缘保护装置,电线路还应符合洞内临时用电要求	
5	作业台架安全性能及状态	衬砌作业台架应有足够的强度、刚度和稳定性,衬砌台车、台架组装调试完成应经验收合格方可投入使用	
6	作业台架安全防护设施	衬砌作业台架、作业平台四周应设置安全栏杆、密闭式安全网、人员上下工作梯,衬砌台车及防水板施工作业台架还应配置灭火器,经验收合格方可投入使用	
7	防水板临时存放	防水板的临时存放点应设置消防器材及防火安全警示标志,并有专人负责看管和发放	
8	防水板作业面消防器材配备	防水板铺设地段应配备足够数量的消防器材	
9	防水板的保护设施	防水板施工时严禁吸烟,钢筋焊接作业时,应设临时阻燃挡板防止机械损伤和电火花灼伤防水板	
10	防水板与照明灯具的距离	防水板作业面的照明灯具严禁烘烤防水板。其防水板间距离不得小于 50 cm	
11	安全观测人员		

检查方:　　　　　　　　　　　　　被检查方:

检查人(签名):　　　　　　　　　接收人(签名):

　　年　月　日　　　　　　　　　　　年　月　日

钢筋作业安全检查记录表

项目名称			
施工地点			
序号	检查项目	对应条文	检查情况
1	班前安全讲话	作业班组负责人在每班开工前,应进行班前安全讲话,向作业人员强调安全注意事项	
2	劳动佩戴	进入施工现场的所有人员,必须按规定佩戴相应的劳动防护用品	
3	工作面照明	衬砌施工作业面用电应符合临时用电的要求,其照明应满足安全作业的需要	
4	设备绝缘	衬砌作业台架、作业平台上的各类用电设备应有绝缘保护装置,电线路还应符合洞内临时用电要求	
5	洞内运输钢筋	衬砌作业台架、作业平台上的各类用电设备应有绝缘保护装置,电线路还应符合洞内临时用电要求。衬砌作业台架应有足够的强度、刚度和稳定性,衬砌台车、台架组装调试完成应经验收合格方可投入使用。	
6	作业支架及平台	衬砌作业台架、作业平台四周应设置安全栏杆、密闭式安全网、人员上下工作梯,衬砌台车及防水板施工作业台架还应配置灭火器,经验收合格方可投入使用。衬砌作业台架、作业平台上的各类用电设备应有绝缘保护装置,电线路还应符合洞内临时用电要求	
7	钢筋安装	衬砌钢筋安装过程中应采取临时支撑等防倾倒措施,临时支撑应牢固可靠并有醒目的安全警示标志,作业人员与过往机械不得踩踏、碰撞	

检查方: 被检查方:

检查人(签名):   接收人(签名):

     年   月   日   年   月   日

混凝土浇筑作业安全检查表

项目名称			
施工地点			
序号	检查项目	对应条文	检查情况
1	班前安全讲话	作业班组负责人在每班开工前,应进行班前安全讲话,向作业人员强调安全注意事项	
2	劳动佩戴	进入施工现场的所有人员,必须按规定佩戴相应的劳动防护用品	
3	工作面照明	衬砌施工作业面用电应符合临时用电的要求,其照明应满足安全作业的需要	
4	设备绝缘	衬砌作业台架、作业平台上的各类用电设备应有绝缘保护装置,电线路还应符合洞内临时用电要求	
5	混凝土输送管的安设及连接	泵送混凝土管道安设及连接应符合规定,施工过程中应经常检查其连接的可靠性、安全性及管道的稳定性	
6	混凝土输送管堵塞处理	泵送混凝土管道堵塞时,应及时停止泵送并逐节检查确定堵塞部位。堵管处理应按操作程序进行,不得违规作业	
7	混凝土浇筑	衬砌混凝土浇筑时必须控制浇筑速度,浇筑压力不得过高,并保证两侧基本对称浇筑	
8	台车挡头板安装及加固	衬砌台车端头挡板与防水板、台车间接触面应紧密,挡板支撑应稳固。混凝土浇筑过程中应安排专人检查挡板及支撑的安全状况	
9	台车受力变形观测及处理	混凝土浇筑过程中应有专人检查台车受力状况,当台车出现变形等异常情况时,作业人员应及时撤离作业平台,隐患消除后方可恢复作业	
10	单次仰拱作业的长度	仰拱应分段一次整体浇筑,并根据围岩情况严格限制一次施工长度;工作区应有专人监护,并设警示标志	
11	仰拱栈桥及警示标志	仰拱施工应配备有足够的强度、刚度和稳定性的栈桥等架空设施。仰拱施工栈桥基础应稳固,桥面应进行防侧滑处理,栈桥两侧应设限速警示标志,通过速度不得超过 5 km/h	
检查方: 检查人(签名): 年 月 日		被检查方: 接收人(签名): 年 月 日	

监控量测作业安全检查表

项目名称			
施工地点			
序号	检查项目	对应条文	检查情况
1	班前安全讲话	作业班组负责人在每班开工前,应进行班前安全讲话,向作业人员强调安全注意事项	
2	劳动佩戴	进入施工现场的所有人员,必须按规定佩戴相应的劳动防护用品	
3	监控量测作业安全检查表	监控量测人员必须经过隧道施工安全教育培训,掌握安全操作技术和安全生产基本知识	
4	作业环境照明	监控量测实施单位应配备安全员,在隧道监控量测过程中应设有安全岗哨	
5	元器件标识和保护	监控量测作业区域照明的光照度必须满足数据采集和作业人员安全操作的需要	
6	开挖工作面观察	隧道施工过程中要妥善保护监控量测的元器件,并有显著的安全标识。在岩爆地段埋设量测元器件,必须对岩爆妥善处理后进行	
7	洞外地表观察	隧道内观察应在开挖工作面和已施工地段分别进行。开挖工作面应在每次开挖后进行观察和绘制地质素描图、进行数码照相,详细填写地质情况记录表,并与勘查设计资料对比,隧道内已施工地段应随时观察记录喷射混凝土、锚杆、钢架等的工作状态	
8	穿过浅埋地段观测	隧道观察重点应为洞口段和浅埋洞身段。洞外地表观察应记录地表开裂与变形、洞口边坡与仰坡稳定状态等情况,同时应对地面建(构)筑物进行观察	
9	影响建(构)物描述	隧道穿过浅埋地段时,必须作好控制爆破设计和地表监控量测设计,并加强地表下沉观测和地面爆破振动观测	
10	高处作业防护	隧道开挖工作面的地质素描以及支护状态、地表影响范围内建(构)筑物的描述,应每掘进循环记录1次,必要时,对地表影响范围内的建(构)筑物的描述频率应加大	
11	钻孔设备操作	监控量测使用的作业台架、高空升降车、升降梯等必须安设牢固,作业时操作人员必须系安全带	
12	异常情况处理	埋设多点锚杆位移器、锚杆应力计时,操作人员必须遵守机械设备操作安全的有关规定,开钻前必须进行安全技术交底	

检查方:　　　　　　　　　　　　　　被检查方:

检查人(签名):　　　　　　　　　　　接收人(签名):

　　年　月　日　　　　　　　　　　　　年　月　日

施工排水作业安全检查表

项目名称			
施工地点			
序号	检查项目	对应条文	检查情况
1	班前安全讲话	作业班组负责人在每班开工前，应进行班前安全讲话，向作业人员强调安全注意事项	
2	劳动佩戴	进入施工现场的所有人员，必须按规定佩戴相应的劳动防护用品	
3	洞口防排水系统	隧道施工前必须根据设计提供的工程及水文地质资料，结合现场实际情况，进行分析研究，预计可能出现的地下水情况，估计水量，制订排水方案	
4	洞内排水沟畅通	施工前应对地表水进行处理并及早修建洞口防排水设施，防止地表水渗漏及冲刷边坡	
5	反坡排水抽水设备、集水坑、管线	洞内施工排水沟应经常清理，保持畅通，防止淤塞	
6	不良地段排水	洞内反坡排水应采用机械排水，并应符合下列规定： 1 排水方式应根据距离、坡度、水量和设备情况布置管路，一次或分段接力排出洞外； 2 集水坑容积应按排水量合理确定，其位置应减少施工干扰； 3 配备抽水机的功率应大于排水量的 20%，并应有备用台数	
7	有水地段用电管理	对富水软弱破碎围岩、岩溶等有突涌水风险的隧道，必须进行防突涌水专项设计，编制专项安全技术方案	
8	施工废水综合排放	隧道内有水地段的高压电线必须按有关要求铺设，照明必须采用安全电压及防水灯头和灯罩。施工现场电线、电缆使用过程中应经常检查，确保绝缘良好	

检查方：　　　　　　　　　　　　被检查方：

检查人（签名）：　　　　　　　　接收人（签名）：

　　　年　月　日　　　　　　　　　　年　月　日

通风与防尘作业安全检查表

项目名称			
施工地点			
序号	检查项目	对应条文	检查情况
1	班前安全讲话	作业班组负责人在每班开工前,应进行班前安全讲话,向作业人员强调安全注意事项	
2	劳动佩戴	进入施工现场的所有人员,必须按规定佩戴相应的劳动防护用品	
3	通风与防尘作业安全检查表	隧道施工通风应纳入工序管理,成立专门的通风班组,由专人负责管理。通风方案应经过专项审查,经监理单位审批后实施	
4	风速	隧道施工应保证对每一作业人员供应新鲜空气不小于3 m³/min,采用内燃机械作业时,供风量不应小于3 m/(min·kW)。	
5	作业环境卫生标准	隧道施工通风的风速,全断面开挖时不应小于0.15 m/s,在分部开挖的坑道中不应小于0.25 m/s。	
6	备用风机及备用电源	隧道施工环境必须符合国家有关规定,并应满足下列卫生及安全标准的要求: 1 空气中氧气含量按体积计不得低于20%。 2 粉尘容许浓度,每立方米空气中含有10%以上的游离二氧化硅的粉尘不得大于2 mg。每立方米空气中含有10%以下的游离二氧化硅的矿物性粉尘不得大于4 mg。 3 常见有害气体容许浓度: 1)一氧化碳容许浓度不得大于30 mg/m³。在特殊情况下,施工人员必须进入开挖工作面时,浓度可为100 mg/m³,但工作时间不得大于30 min; 2)二氧化碳按体积计不得大于0.5%; 3)氮氧化物(换算成NO_2)浓度应在5 mg/m³以下。 4 隧道内气温不得高于28 ℃。 5 隧道内噪声不得大于90 dB	
7	通风机保险装置	长及特长隧道施工应有备用通风机和备用电源,保证应急通风的需要	
8	安全警示标志(灯)		
9	作业台架		
10	防尘和有害气体检测	通风机、通风管安装与使用应符合下列要求: 1 通风机控制系统应装有保险装置,当发生故障时应自动停机。 2 通风管沿线应每隔50~100 m设立警示标志或色灯;人员严禁在风管的进出口停留。 3 通风管安装作业台架应稳定牢固,经验收合格后方可使用	

检查方:　　　　　　　　　　　　被检查方:
检查人(签名):　　　　　　　　接收人(签名):
　　年　月　日　　　　　　　　　　年　月　日

供风作业安全检查表

项目名称			
施工地点			
序号	检查项目	对应条文	检查情况
1	班前安全讲话	作业班组负责人在每班开工前，应进行班前安全讲话，向作业人员强调安全注意事项	
2	劳动佩戴	进入施工现场的所有人员，必须按规定佩戴相应的劳动防护用品	
3	空压机站防护措施	供风作业应考虑下列主要危险源、危害因素	
4	空压机附件		
5	空压机安全状况	空压机站应有防水、降温和保温设施，并按规定配备消防器材；距离居民区较近时应有防噪声、防振动的措施	
6	持证上岗		
7	交接班记录		
8	空压机运行		
9	空压机维修		
10	供风系统维护	供风管安装应符合下列规定： 1 供风管的材质及耐风压等级应满足相应要求，不得采用伪劣或不合格管材； 2 供风管安装前应进行检查，当有裂纹、创伤、凹陷等现象时不得使用，管内不得留有残余物和其他脏物； 3 洞内供风管应敷设在电缆、电线路的相对一侧，不得妨碍运输和影响侧沟施工。风管网路中应分段设控制闸阀，以利于控制和检修； 4 供风管应敷设平顺，接头严密，不漏风。软管与钢风管的连接必须牢固可靠，风管拆卸必须在空压机停机或关闭闸阀后进行	
检查方： 检查人（签名）： 　年　月　日		被检查方： 接收人（签名）： 　年　月　日	

供水作业安全检查表

项目名称			
施工地点			
序号	检查项目	对应条文	检查情况
1	班前安全讲话	作业班组负责人在每班开工前,应进行班前安全讲话,向作业人员强调安全注意事项	
2	劳动佩戴	进入施工现场的所有人员,必须按规定佩戴相应的劳动防护用品	
3	水质	供水作业应考虑下列主要危险源、危害因素: 1 水质不符合标准; 2 蓄水池不牢固,无防护棚和防护栏或损坏; 3 抽水机电机绝缘失效,电缆线漏电; 4 供水管道有裂纹或闸阀失效	
4	水池防护	隧道工程用水使用前应经过水质鉴定,并符合施工用水水质要求	
5	抽水管理	蓄水池不得设于隧道正上方,水池基础应置于坚实地基上;蓄水池顶部必须设防护棚,四周应设防护栏,并有明显的安全警示标志,防止人员坠入	
6	电机防护	机械抽水应有专人负责,当抽水机房设在河边时,应有防洪措施。水池与机房之间应保持通信联系。	
7	供水管道检查	抽水机电机的绝缘阻值应符合要求,机体应有可靠的接地接零保护	
8	供水系统维护	供水管道布置应符合下列规定: 1 供水管路应敷设平顺,接头严密,不漏水; 2 洞内管道应铺设在电缆、电线路的相对一侧,不得妨碍运输和通行; 3 寒冷地区冬期施工时,应采取防冻措施,防止供水管道冻裂	

检查方: 被检查方:

检查人(签名):   接收人(签名):

   年 月 日   年 月 日

供电作业安全检查表

项目名称			
施工地点			
序号	检查项目	对应条文	检查情况
1	班前安全讲话	作业班组负责人在每班开工前，应进行班前安全讲话，向作业人员强调安全注意事项	
2	劳动佩戴	进入施工现场的所有人员，须按规定佩戴相应劳动防护用品	
3	供电电压	隧道供电电压应符合下列要求： 1 供电线路应采用 380 V/220 V 三相五线系统； 2 照明电压：作业地段不得大于 36 V，成洞地段可采用 220 V； 3 低压线路末端的电压降不得大于 10%	
4	洞内线路设置	隧道内供电线路布置和安装应符合下列规定： 1 成洞地段固定的电线路，应用绝缘良好的塑料绝缘导线架设。施工地段的临时电线路应采用橡套电缆，并应挂设在临时支架上。竖井、斜井应使用铠装电缆。 2 照明和动力电线路安装在同一侧时，必须分层架设。电线悬挂高度应为：电压 380 V 时不小于 2.5 m，10 kV 时不小于 3.5 m。 3 涌水隧道的电动排水设备，以及斜井、竖井内的电气装置应采用双回路输电，并有可靠的切换装置。 4 36 V 低压变压器应设在安全、干燥处，机壳接地，输电线路长度不得大于 100 m。 5 动力干线上的每一分支线，必须装设开关及保险装置。严禁在动力线路上加挂照明设施	
5	洞内变电站	在隧道内设置 10 kV 变电站，应符合下列要求： 1 变电站应设置在干燥的避车洞或不使用的横通道内，变压器与周围及上下洞壁的最小距离不得小于 300 mm。 2 变电站周围必须装设防护遮栏和警示灯，悬挂"止步，高压危险"或"禁止攀登，高压危险"等安全警示牌。 3 变电站应采用井下高压配电装置或相同电压等级的油开关柜，不应使用跌落式熔断器。低压应采用成套组合电器或带有空气断路器的低压配电盘	
6	隧道施工照明	隧道施工照明应符合下列规定： 1 隧道内照明的光照度应充足、均匀，不得有闪烁； 2 采用普通光源照明时，其光照度应满足；不安全因素较大的地段应加大光照度； 3 洞内主要交通道路、抽水机站等重要场所，应有安全照明； 4 隧道施工照明应采用防水、防尘灯具	
7	自备电与外电联锁	隧道施工用电应按设计要求设置双电源或自备电源。自备发电机组与外电线路必须电源联锁，严禁并列运行	
检查方： 检查人（签名）： 　　年　月　日		被检查方： 接收人（签名）： 　　年　月　日	

岩溶隧道作业安全检查表

项目名称				
施工地点				
序号	检查项目		对应条文	检查情况
1	班前安全讲话		作业班组负责人在每班开工前，应进行班前安全讲话，向作业人员强调安全注意事项	
2	劳动佩戴		进入施工现场的所有人员，必须按规定佩戴相应的劳动防护用品	
3	岩溶隧道作业安全检查表		隧道通过岩溶地区时，应根据设计图结合施工现场情况，采用综合超前地质预报，探明溶洞的分布范围、类型、规模、发育程度和填充物、地下水的情况（有无长期补给来源、雨季水量有无增长等）以及岩层的稳定程度等	
4	施工前对围岩预加固及地表的处理、加固处理效果验证情况		岩溶隧道的施工应按"以疏为主、堵排结合、因地制宜、综合治理"的原则，制订安全可靠的施工方案，采取相应的预防措施，防止发生突发性涌水、涌沙和泥石流灾害	
5	岩溶地段施工季节选择的合理性		当隧道溶洞与地表水存在水力联系时，溶洞处理和施工应选择在旱季进行	
6	岩溶隧道开挖、支护	岩溶地段地表水处理、地表加固	岩溶地区隧道开挖应符合下列要求： 1 施工前，应了解隧道区域范围内地表水、出水地点的情况，有条件时采取地表注浆等措施对地表进行必要的处理。 2 开挖前，应根据溶洞的大小、填充情况与隧道的相对位置等具体情况，采取相应的安全技术措施。当在溶洞充填体中掘进时，应提前注浆加固。 3 钻孔作业前，必须超前钻孔探测，进一步查明开挖工作面前方一定范围内情况。 4 爆破开挖时，应严格控制开挖进尺，采取多打孔、打浅孔、小药量爆破，确保隧道开挖稳步推进。 5 当隧道只有一侧遇到溶洞时，应先开挖该侧，待支护完成后再开挖另一侧。 6 施工中必须检查溶洞顶板，及时处理危石。当溶洞较大较高时，应进行安全施工防护	
7		岩溶地段开挖安全技术措施		
8		每次开挖循环前钻孔探水落实情况		
9		开挖循环进尺、炸药用量		
10		半洞半岩的开挖方法		
11		溶洞顶板及周围的安全检查和安全防护		

序号	检查项目	对应条文	检查情况
12	溶洞处理方法	溶洞处理应根据设计文件要求,结合现场实际情况,采取下列引排水、填堵、跨越、绕行等措施: 1 当溶洞有水流时,在查明水源流向及其与隧道位置关系后,应采用钻孔排水降压方式处理。排水降压应留有足够厚度的隔水岩盘,确保安全。 2 对已停止发育、跨径较小、无水的溶洞,应根据其与隧道相交的位置及充填情况,采用混凝土、浆砌片石等材料封堵。拱顶以上的空溶洞应采用喷锚支护加固,或加设护拱并对空腔回填处理。 3 当溶洞较大较深时,可根据实际情况采用跨越方式处理。 4 当溶洞较大较深,短期处理难度很大时,可采用迂回导坑绕过溶洞区,继续进行隧道施工,在不影响正常施工的情况下再处理溶洞	
13	衬砌前拱部、底板、侧边墙一定范围内是否存在有害空洞的检查及处理情况	岩溶地区隧道的初期支护和二次衬砌应根据溶洞情况予以加强。二次衬砌施工前,应重点检查拱部、底板、侧边墙一定范围内是否存在有害空洞,并采取措施处理	

检查方:　　　　　　　　　　　　被检查方:

检查人(签名):　　　　　　　　　接收人(签名):

　　年　　月　　日　　　　　　　　年　　月　　日

富水软弱破碎围岩隧道作业安全检查表

项目名称			
施工地点			
序号	检查项目	对应条文	检查情况
1	班前安全讲话	作业班组负责人在每班开工前，应进行班前安全讲话，向作业人员强调安全注意事项	
2	劳动佩戴	进入施工现场的所有人员，必须按规定佩戴相应的劳动防护用品	
3	施工前对围岩预加固及地表的处理、加固处理效果验证情况	隧道施工前，必须根据地质条件、埋深及地下水情况，选用地表注浆、超前帷幕注浆、降低地下水位等技术措施进行处理，评估达到要求后方可开挖	
4	钻孔过程中，出现异常情况的处理	隧道施工过程中，一旦发现浑水、携带泥沙、顶钻、高压喷水、水量突然增大等异常情况，应立即停止施工，分析原因，采取措施进行处理	
5	初期支护及时施作、尽早封闭成环情况	隧道施工时应按设计及时施作初期支护，加强初期支护的强度，尽早闭合成环	
6	监控量测开展及指导设计与施工情况	建立有效的监控体系，及时埋设监控量测点，并取得基准值，按要求开展监控量测；及时根据量测结果，评价支护的可靠性和围岩的稳定性，调整支护参数，确保施工安全	
7	地下水防排处理情况	衬砌背后的排水盲管（沟）必须顺畅地连接到隧道排水沟，防止地下水在衬砌背后积聚对其形成压力	

检查方：　　　　　　　　　　　　　　被检查方：

检查人（签名）：　　　　　　　　　　接收人（签名）：

　　　年　月　日　　　　　　　　　　　　年　月　日

安全检查整改通知单

项目（工程）名称	
存在问题： 　　　　　　　　　　　　　　　　　　　　　限　　年　月　　日前整改完成 检查方：　　　　　　　　　　　　　　　　受检方： 检查人（签名）：　　　　　　　　　　　　接收人（签名）： 日　　期：　　　　　　　　　　　　　　　日　　期：	
整改措施： 受检方负责人（签名）：　　　　　　　　　计划完成日期：　　年　月　　日	
验证结果： 验证人（签名）：　　　　　　　　　　　　验证日期：　　年　月　　日	

参考文献

[1] 中国中铁. 铁路工程项目标准化施工管理手册：QB/CTG GL-GC01. 北京：2010.

[2] 中铁一局集团有限公司. 高速铁路隧道工程施工质量验收标准：TB 10753—2010. 北京：中国铁道出版社，2011.

[3] 铁道部. 高速铁路隧道工程施工技术指南：铁建设〔2010〕241 号.

[4] 中国中铁企业标准. 中国中铁建设项目作业指导书. 2012.

[5] 铁道部. 铁路隧道施工技术指南：TZ 204—2008. 北京：中国铁道出版社，2008.

[6] 中国铁路总公司. 高速铁路隧道施工技术规程：Q/CR 9604—2015. 北京：中国铁道出版社，2015.

[7] 铁道部. 铁路隧道工程施工安全技术规程：TB 10304—2009. 北京：中国铁道出版社，2009.

[8] 国家铁路局. 铁路隧道设计规范：TB 10003—2016. 北京：中国铁道出版社，2017.

[9] 铁道部. 铁路隧道防排水施工技术指南：TZ 331—2009. 北京：中国铁道出版社，2009.

[10] 毛红梅，贾良. 地下工程监控量测. 北京：人民交通出版社，2015.

[11] 中国铁路总公司. 铁路隧道监控量测技术规程：Q/CR 9218—2015. 北京：中国铁道出版社，2008.

[12] 毛红梅. 地下铁道. 北京：人民交通出版社，2008.

[13] 吴从军，阳军生. 隧道施工监控量测与超前地质预报. 北京：人民交通出版社，2012.

[14] 王梦恕，等. 中国隧道及地下工程修建技术. 北京：人民交通出版社，2010.

[15] 夏才初，潘国荣，等. 土木工程监测技术. 北京：中国建筑工业出版社，2001.

[16] 张庆贺，朱合华，黄宏伟. 地下工程. 上海：同济大学出版社，2005.

[17] 王建华，孙胜江. 桥涵工程试验检测技术. 北京：人民交通出版社，2004.

[18] 关宝树. 隧道工程施工要点集. 北京：人民交通出版社，2003.

[19] 关宝树. 隧道工程维修要点集. 北京：人民交通出版社，2004.

[20] 朱永全，宋玉香. 隧道工程. 北京：中国铁道出版社，2008.

[21] 王海彦，骆宪龙，付迎春. 隧道工程. 成都：西南交通大学出版社，2016.

[22] 吕康成. 公路隧道运营设施. 北京：人民交通出版社，1999.

[23] 陈建勋，马建秦. 隧道工程试验检测技术. 北京：中国铁道出版社，2005.

[24] 中交第一公路工程局有限公司. 公路隧道施工技术规范：JTG F60—2009. 北京：中国铁道出版社，2009.

[25] 铁道部. 铁路桥梁检定规范：铁运函〔2004〕120 号. 北京：中国铁道出版社，2004.

[26] 张宏祥，李丹. 公路桥梁无损检测技术. 哈尔滨：东北林业大学出版社，2016.

[27] 施尚伟，向中富. 桥梁结构试验检测技术. 重庆：重庆大学出版社，2012.

[28] 张俊平. 桥梁检测与维修加固. 北京：人民交通出版社，2011.

[29] 占劲松. 公路桥梁检测与维修加固指南. 北京：人民交通出版社，2017.